JAMES ☆ DEAN

Der Rebell von Hollywood

BARNEY HOSKYNS

BILDAUSWAHL DAVID LOEHR,
LEITER DES JAMES DEAN MUSEUMS
IN FAIRMONT

WILHELM HEYNE VERLAG MÜNCHEN

Dank an: Miren Lopategui, Colin Woodman, Debbie Holland, Graham Painting, Elizabeth West, Martha Reynolds, Sarah Smith, Deirdre Healy und Scout.

Titel der englischen Originalausgabe: JAMES DEAN · Shooting Star
Ins Deutsche übertragen von Patricia Künzel
Redaktion und fachliche Beratung: Eckhart Schmidt

Die Originalausgabe erschien im
Verlag Bloomsbury Publishing Ltd., London, 1989

Alle Fotos in diesem Band stammen aus den Archiven David Loehrs
Buchgestaltung: Roy Williams und Laurence Bradbury
Umschlaggestaltung der deutschen Ausgabe unter Verwendung
des Entwurfs von Laurence Bradbury und Roy Williams: Norbert Härtl
Umschlagfoto: Sammlung David Loehr
Satz: Schaber, Wels
Printed by Butler & Tanner Ltd., Frome und London
ISBN 3-453-03978-5

INHALT

VORWORT

»Meine Lebensgeschichte erscheint mir so langweilig, daß ich sie kaum ohne einen Trauermarsch oder ›Hearts and Flowers‹ als traurige Begleitmusik erzählen kann ...«

Ist nicht längst alles über James Dean gesagt worden? Er war das erste viel zu früh verstorbene Idol der Filmindustrie und ist noch heute, über 30 Jahre nach seinem Tod — ebenso wie Marilyn Monroe —, Gegenstand einer Verehrung, die an Nekrophilie grenzt. In zahllosen Büchern, Filmen, Dokumentarfilmen und Sondernummern von Magazinen hat man zu erklären versucht, was diese Legende am Leben erhält und weshalb er weltweit zu einer Kultfigur wurde. Sie alle erzählen mehr oder weniger das gleiche, die Geschichte von seinem kurzen, glanzvollen Aufstieg und seinem plötzlichen tragischen Ende. Warum sich also die ganze Mühe noch einmal machen?

Ganz einfach, weil ich der Meinung bin, daß keiner dieser Versuche wirklich gezeigt hat, was an diesem verwirrten, narzißtischen, krankhaft ehrgeizigen und ewig unzulänglichen Jungen eigentlich so faszinierend war. Er war weitaus mehr als ›der erste Teenager‹, wie er oft bezeichnet wurde, tatsächlich nämlich der erste echte Popstar — der erste darstellende Künstler, der sein Leben zu einem permanenten Medien-Spektakel machte. Er lebte mit einem gewissen Abstand zur Realität, hervorgerufen durch einen Ruhm, den es ohne Filmindustrie und Massenmedien nicht gegeben hätte. Er war ein Ersatz-Beatnik, ein Möchtegern-Intellektueller, eine Primadonna der ersten Halbstarkenbanden und das erste wirkliche ›Pop‹-Opfer der Starfabrik des amerikanischen Traums.

Gleichzeitig hatte es etwas unwiderstehlich Rührendes an sich, wie er sich als Prototyp eines neurotischen Popstars selbst erfand und monomanisch kultivierte. Er war ein vergöttertes Baby in Jeans, das sich nach etwas Wahrem und Schönem verzehr-

te, was ihm immer nur für wenige Augenblicke vergönnt war. Seine ebenfalls von der Stanislawskij-Schule geprägte Kollegin Mildred Dunnock sagte einmal: »Er befand sich ständig im Kampf mit seinem schauspielerischen Naturell, war hin- und hergerissen zwischen dem Wunsch, theatralisch zu sein, und dem Wunsch, wahrheitsgetreu zu spielen.« Wer immer sich nach Dean und Elvis in der Popwelt einen Namen machen wollte, mußte ihm nacheifern. Er konnte auch liebenswürdig oder mitfühlend sein, aber seine egomanische Frustration und Ruhelosigkeit machte diese Gefühle immer wieder zunichte.

»Jeden Tag«, schrieb Nick Ray, der gleichermaßen ruhelose (und letztlich genauso neurotische) Regisseur von Deans berühmtestem Film *... denn sie wissen nicht, was sie tun,* »stürzte sich Jimmy gierig auf die Welt, wie ein ausgehungertes Tier, das plötzlich einen Brocken Nahrung findet. Seine Wünsche und Ängste waren so stark, daß er auf seiner Suche zeitweise arrogant und egozentrisch wirken konnte; hinter all dem steckte jedoch eine so extreme Verletzlichkeit, daß man gerührt, ja sogar erschrocken war.« — »Er schien seine besondere Intuition zu spüren und zu wissen, daß sie ihm nichts nützte«, meinte der Filmkritiker David Thomson. »Seine Verzweiflung und sein Fatalismus zeigten, wie begrenzt die Welt war, in der er lebte.«

James Dean hatte etwas Verrücktes, etwas *Besessenes* an sich. Seine drei wichtigsten Filme geben Zeugnis von einer ganz auf sich selbst bezogenen, gespenstischen Intensität. Er ist in allen Szenen auf geradezu beunruhigende, magnetische Weise gegenwärtig. Er steht fast immer für sich allein und außerhalb des Erzählflusses, so als hätte sein von der Stanislawskij-Methode ge-

prägtes Spiel um ihn herum einen eigenen, unverletzlichen Raum geschaffen. (Dennis Hopper meinte, daß es auch an James Deans Kurzsichtigkeit gelegen haben mag, daß er nie mit anderen Schauspielern zusammen, sondern immer nur für sich allein spielte.) Auch in seinem ›Privatleben‹ schauspielerte er ständig; zog, um aufzufallen, eine Ein-Mann-Show ab, mit allen möglichen Possen und Spielchen, mit denen er die Leute jedoch öfter verärgerte als erfreute. Er war der ewig frühreife Halbstarke, der immer gleichzeitig Aufmerksamkeit erheischte und einen zum Narren halten wollte.

James Dean erlangte seine Berühmtheit eigentlich mehr als Verkörperung und Wunschbild einer aufrührerischen Jugend in den tödlich langweiligen fünfziger Jahren unter Eisenhower denn als Schauspieler. (Ironischerweise wirkte er am Ende von *... denn sie wissen nicht, was sie tun* integrierter und vernünftiger — und weniger teenagerhaft angstgepeinigt — als in *Jenseits von Eden* und in *Giganten.*) Wie viele Jugendliche der achtziger Jahre haben diese drei James-Dean-Filme tatsächlich gesehen? Er ist vielleicht immer noch in den Buchläden und Zeitungsgeschäften unter den Popidolen zu finden, aber ist er viel mehr als eine schöne Ikone, ein mythenumwobener Geist, ohne dessen Image Jeanswerbung undenkbar wäre? Schon allein der Name ›James Dean‹ ist zu einem Produkt kultischer Bedeutung geworden.

Dean war in gewisser Hinsicht ein offenes Buch, denn er lebte sein Leben immer mit Blick auf seine zukünftige Biographie. Es verging kaum ein Tag, ohne daß er sich in einer neuen Situation oder bei einer neuen Tätigkeit fotografieren ließ. Er sehnte sich so sehr nach unsterblicher Liebe, daß er alles Erdenkliche tat, um andere von sich einzunehmen — daher die zahllosen Anekdoten, die ihn überlebten. Vor allem aber wollte er dafür berühmt sein, daß er den Ruhm verachtete, daß er *nicht* das Spiel all der anderen Sklaven des Broadways oder Hollywoods mitspielte.

Wenn er auch für seine Biographen ein offenes Buch war, war er nicht dennoch sich selbst ein Geheimnis? Jagte er nicht immer wie ein junger Hund seinem eigenen Schwanz nach? Und so fragt *man* sich als wahrer Fan: »Wie war er *wirklich?*«

Versuchen wir, uns ein Bild von ihm zu machen.

biscuit

KAPITEL EINS

DER JUNGE AUS DER KLEINSTADT

»BEI SPORT SCHLÄGT DAS HERZ EINES JEDEN AMERIKANISCHEN JUNGEN HÖHER, ABER ICH GLAUBE, ICH WERDE MEIN LEBEN DER KUNST UND DEM SCHAUSPIEL WIDMEN.«

Wie so viele andere amerikanische Helden kam auch James Byron Dean aus dem Nichts, das auch als ›Mittlerer Westen‹ bekannt ist. Marlon Brando und Montgomery Clift, seine größten Vorbilder, kamen daher, aber auch Bob Dylan, Iggy Pop, Prince und Madonna.

Er kam am 8. Februar 1931 im Apartmenthaus Seven Gables, 320 East 4th Street, Marion, Indiana, 70 Meilen nördlich von Indianapolis, zur Welt. Seine Eltern, Winton und Mildred — die beide aus Indiana stammten —, nannten ihn James, nach James Emmick, einem Kollegen am Veteran's Administration Hospital in Marion, wo Winton als Zahntechniker arbeitete, und Byron, nach Wintons Freund Byron Feist und nicht, wie phantasievollerweise schon angenommen wurde, nach dem gleichnamigen englischen Dichter. Das Baby Jim wog bei der Geburt fast vier Kilogramm (3912,3 g), und die Arztrechnung für die Entbindung betrug 15 Dollar.

Winton Dean war ein sturer Quäker — die Spuren seiner Vorfahren in Indiana kann man bis zur *Mayflower* zurückverfolgen. Die Aussage, daß die Beziehung zwischen Vater und Sohn »etwas distanziert« war, ist eine Untertreibung, denn Jimmy kam ihm in 24 Jahren eigentlich nie richtig nahe. Mildred andererseits war alles andere als die Ehefrau eines typischen, sturen Quäkers aus Indiana. Wenn sie auch nicht gerade Lord Byron kannte, so war sie doch mit Sicherheit eine sehr phantasievolle, wahrscheinlich sehr frustrierte Frau, die entschlossen war, aus ihrem kleinen Prinzen etwas ganz Besonderes zu machen.

Als James Dean zwei Jahre alt war, verließ die Familie für kurze Zeit Marion und zog nach Fairmount, einer etwa zehn Meilen entfernten ländlichen Gemeinde. Wintons Schwester Ortense lebte dort mit ihrem damaligen Ehemann, Marcus Winslow, in einem kleinen Farmhaus am Stadtrand, und stellte ihrem Bruder ein Häuschen zur Verfügung. Es war Jimmys erster Aufenthalt in dem Ort, wo er heranwachsen sollte — sofern er dies überhaupt tat. Die Familie blieb jedoch nicht lange dort. Winton konnte dem Landleben nicht viel abgewinnen und kehrte bald mit seiner Frau und seinem Sohn nach Marion zurück. 1935 wurde er dann ins Veteran's Hospital in Santa Monica, Kalifornien, versetzt, und die Deans zogen gen Westen.

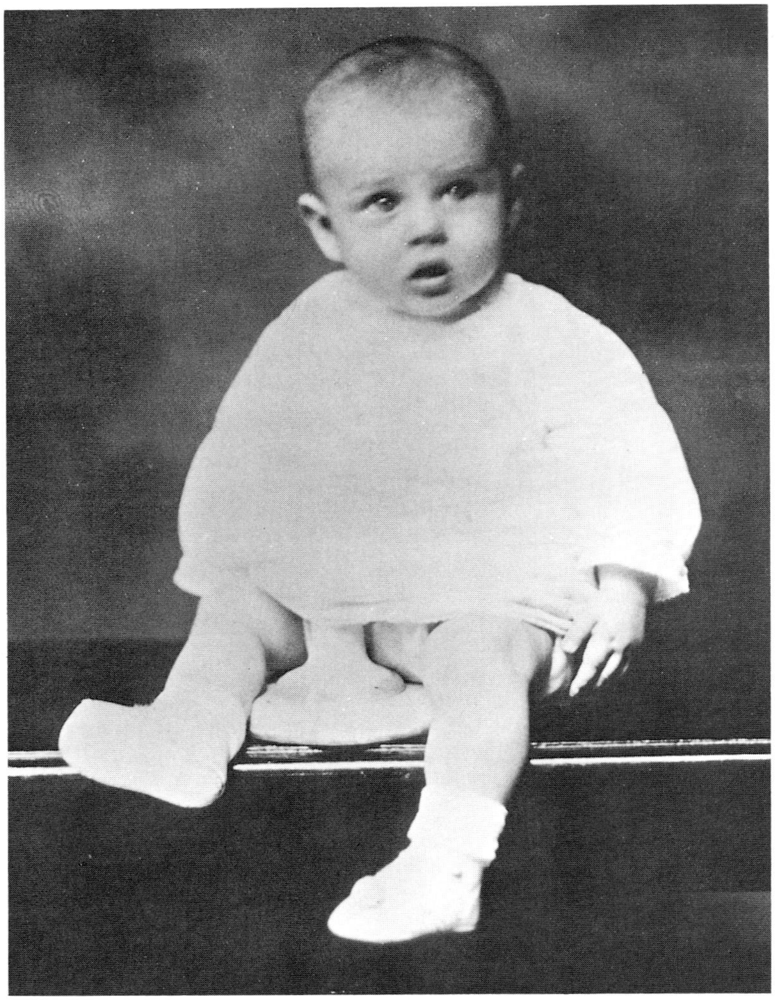

Er macht sich gut vor der Kamera: der kleine Jimmy 1931

Gegenüber: Jimmy im Alter von drei Jahren — nicht gerade der hübscheste Junge aller Zeiten

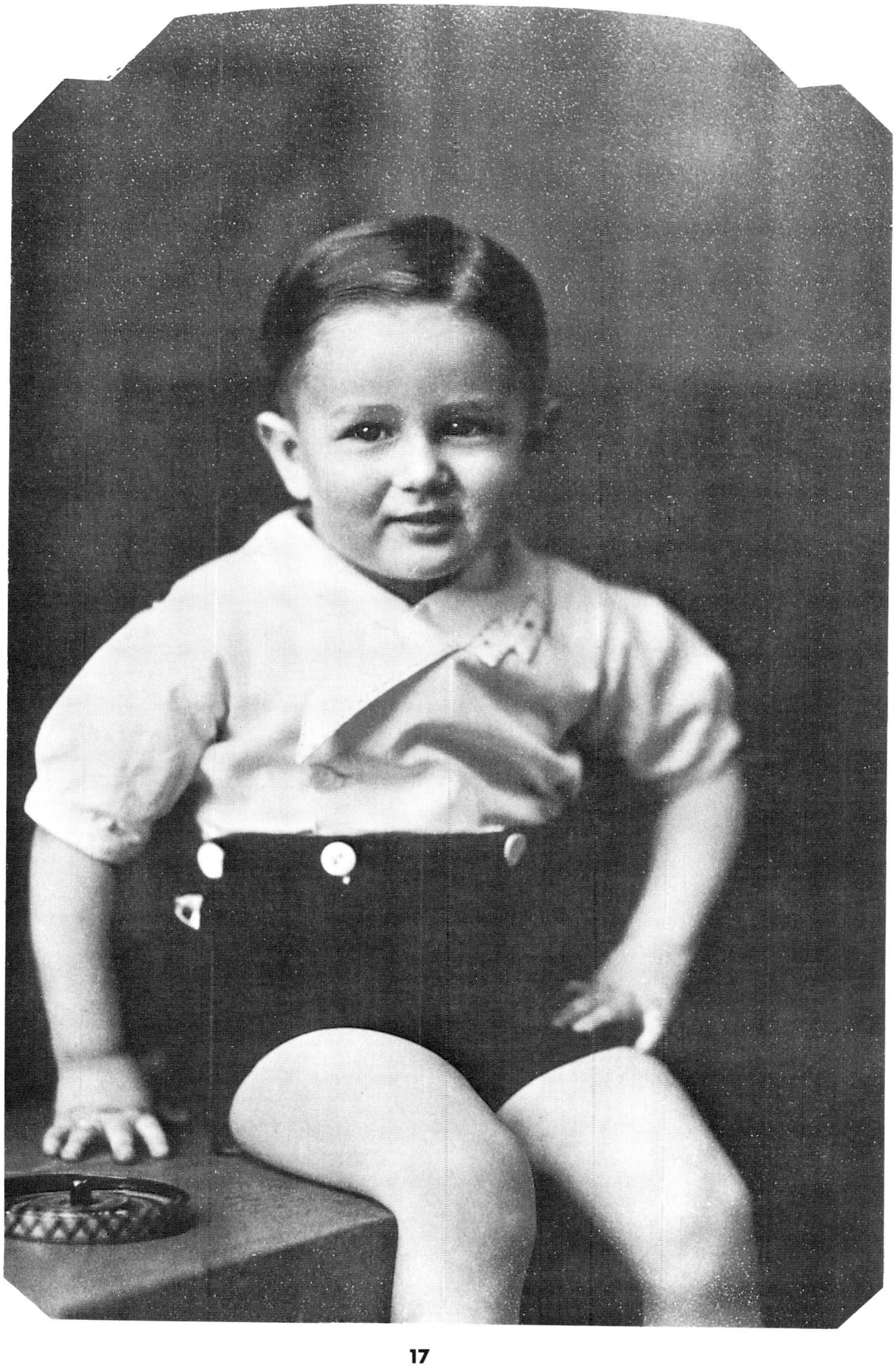

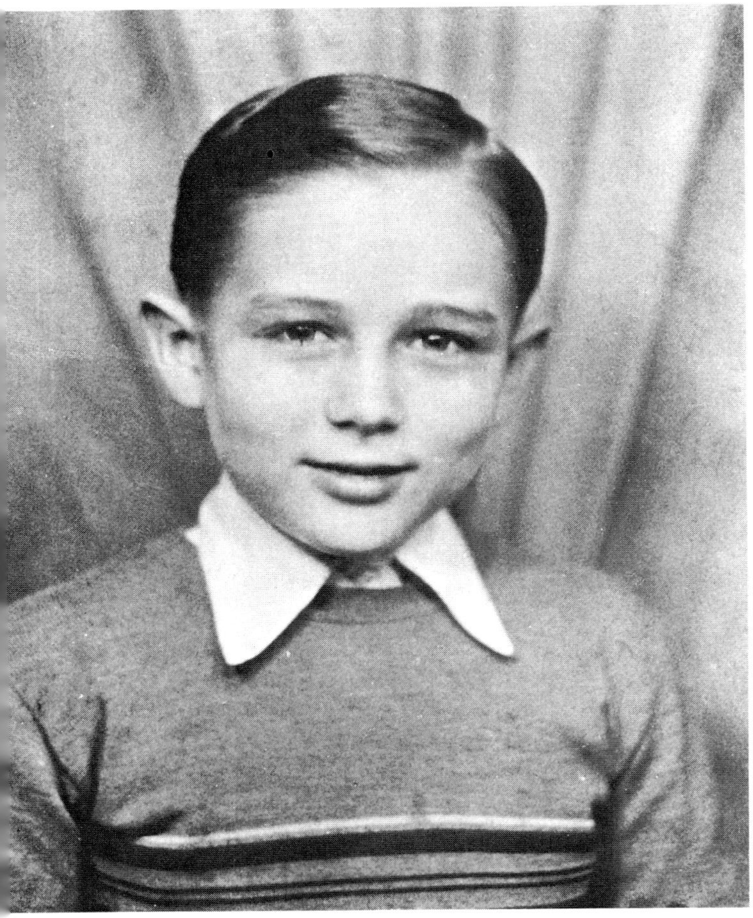

Mit zwölf war er bereits etwas hübscher – trotz Segelohren und übergroßem Kragen

Dort wohnten sie in einem winzigen Bungalow mit fünf Zimmern in der 6th Street 814b, Santa Monica. Die entwurzelte Familie aus Indiana gewöhnte sich nur schwer an den Traumstaat Kalifornien. Trotz aller Frustration über das Kleinstadtleben im Mittleren Westen empfand Mildred Los Angeles als eine künstliche Stadt; außerdem vermißte sie ihre Familie und ihre Freunde. So wurde ihr rotblonder, engelhafter Sohn mehr und mehr zu ihrem Lebensinhalt. Im Alter von fünf Jahren ließ sie ihm bereits Geigen- und Stepunterricht erteilen. Darüber hinaus baute sie dem Jungen ein Theater aus Pappe und führte zu seiner Unterhaltung und Erziehung Stücke auf.

Wie viele Kinder übereifriger Mütter wurde auch Jimmy schon bald gehänselt, als er im September 1937 in die erste Klasse der Brentwood Public School kam. Sein typischer Indiana-Akzent und sein zweiter Vorname boten seinen Mitschülern willkommenen und vorhersehbaren Anlaß zum Spott. Da er zudem noch recht zart war — er litt zeitweise unter Nasenbluten und inneren Blutungen —, war er ein überaus sensibles Kind. Drei Jahre später, im April 1940, starb Mildred an Brustkrebs und ließ ihren Jungen mit einem unterschwelligen Gefühl des Verlassenseins zurück, das ihn in fast allem beeinflußte, was er je im Leben tun sollte. Von diesem Schicksalsschlag hat sich Jimmy nie richtig erholt. Acht Jahre später, im letzten Jahr der High School, wieder in Fairmount, schrieb er in einem kurzen Selbstporträt: »Ich wußte nicht, woran Mom starb, tatsächlich quält mich der Gedanke daran noch immer.«

Da Winton Dean gefühlsmäßig und auch finanziell nicht in der Lage war, sich alleine um Jimmy zu kümmern, schickte er ihn auf den Rat seiner Mutter Emma hin sechs Tage nach dem Tod seiner Frau nach Indiana zurück, wo er bei Tante Ortense und Onkel Marcus Winslow leben sollte. Emma Dean war nach Kalifornien gekommen, um ihrem Sohn in seinem Leid und ihrer Schwiegertochter in ihrem Todeskampf beizustehen. Nun fuhr sie mit dem Jungen und dem Leichnam Mildreds nach Hause. Jedesmal, wenn der Zug hielt, rannte Jimmy zum Gepäckwagen und sah nach, ob der Sarg noch da war. Fast unerträglich, sich dies vorzustellen. In *Jenseits von Eden* und *... denn sie wissen nicht, was sie tun* gibt es Szenen — vor allem die in *Eden,* in der

Gegenüber: Jimmy mit seinem kleinen Cousin Markie (Marcus Winslow Jr.) auf der Farm (1947)

Jimmy war ein überraschend guter Hochspringer und Stabhochspringer. Hier ein Bild von ihm im Alter von 14 Jahren beim Üben auf der Winslow-Farm

Cal Trask aus dem Büro seiner Mutter gezerrt wird —, wo der Zuschauer praktisch gezwungen ist, die ödipale Intensität dieses unterdrückten Schmerzes nachzuvollziehen. Deans berühmter Ausbruch in einem Zeitungsinterview Jahre später — »Meine Mutter starb, als ich neun Jahre alt war ... Was erwartet sie von mir? Daß ich alles alleine mache?« — könnte fast aus jenem Film stammen.

»Als Jimmy aus Kalifornien zurückkehrte«, erinnert sich Ortense Winslow, eine so gute und warmherzige Ersatzmutter, wie sie sich ein Junge nur erhoffen konnte, »taten wir alles für ihn. Er lief durchs ganze Haus, um zu sehen, ob sich etwas verändert hatte. Jemand brachte ein kleines Pony vorbei, und unsere Tochter Joan lieh ihm ihr Fahrrad.« Die nächsten neun Jahre lebte Jimmy im Farmhaus der Winslows, das 1904 auf dem fruchtbaren, schwarzen Boden der Till-Ebene in Indiana erbaut worden war. Obwohl er nach Ortenses Meinung »zu hübsch für einen Jungen war«, wuchs er doch wie hunderttausend andere Jungen im Mittleren Westen auf — er half auf der Farm, angelte Karpfen, lief im Winter auf dem Teich Schlittschuh und lernte schließlich, den Traktor seines Onkels zu fahren. Als er die Trauer um seine Mutter überwunden oder zumindest stark genug verdrängt hatte, begann er Ortense ›Mom‹ zu nennen. Und Marcus wurde in jeder Hinsicht ›Pop‹, denn abgesehen von gelegentlichen Reisen nach Kalifornien in den Schulferien sah Jimmy seinen Vater in den nächsten neun Jahren kaum wieder.

Jimmys Ruhelosigkeit war bereits im Alter von zehn Jahren offensichtlich. Er war immer auf der Suche nach Neuem und befaßte sich nur selten länger und gründlich mit einer Sache. »Er konnte nie stillsitzen«, erinnert sich seine Cousine Joan. »Er mußte bei allem der Beste sein.« Seine Schulkameradin Helen Walters weiß noch, wie er zum Scheunengiebel der Winslows einen ›Aufzug‹ baute und sich bei dessen Erprobung fast das Genick brach. Ein anderes Mal verlor er seine vier Schneidezähne, als er einen Seiltänzer zu mimen versuchte. (Das Herausnehmen seiner falschen Zähne sollte zu einem wesentlichen Bestandteil in seinem künftigen Repertoire Aufmerksamkeit erregender Scherze werden.)

Mit zwei Dingen jedoch beschäftigte er sich im Laufe der Jahre immer wieder: mit Trommeln und Motorrädern. Ebenso wie ihre

Aufnahme aus dem 1946er Jahrbuch der Kleinstadt-High-School von Fairmount (Jimmy in der Mitte)

verstorbene Schwägerin Mildred unterstützte Ortense immer sofort jedes aufkeimende Talent bei ihm. Kurz nachdem er im Herbst in die vierte Klasse der Grundschule von Fairmount gekommen war, kaufte sie ihm eine kleine Trommel. Außerdem bekam er, ebenso wie Joan, Tanzstunden, und als er in Kunsterziehung Einser bekam, schickte sie ihn zur Landschaftsmalerin Mary Carter: All diese Dinge wurden für Jimmy wichtige Nebenbeschäftigungen. Die Begeisterung für Motorräder und die rauschhafte Freude an Geschwindigkeit und Gefahr weckte in ihm Winton Deans Bruder Charlie Nolan Dean, der oft auf der Farm vorbeischaute und mit Jimmy spazierenfuhr. Zu seinem dreizehnten Geburtstag kauften ›Mom‹ und Marcus ihm ein kleines Fahrrad mit Motorantrieb, einen sogenannten ›Whizzer‹.

Später erzählte Jimmy der berüchtigten Hollywood-Kolumnistin Hedda Hopper — die mit am meisten für ihn tat —, daß er »wie verrückt auf der Farm arbeitete«, aber nur »solange mich jemand beobachtete«. »Die vierzig Morgen Hafer waren eine riesige Bühne, und wenn das Publikum ging, machte ich ein Schläfchen ...« (Eine Geschichte, die an die Szene in *Jenseits von Eden* erinnert, wo er sich in den Salatfeldern abmüht, um die Gunst seines Vaters zu erringen.) Überhaupt nahm der Junge jeden erdenklichen Anlaß wahr, sich darzustellen. Oft unterhielt er die Winslows, indem er Verwandte und Freunde nachahmte. Sie erinnern sich aber auch an seinen außergewöhnlichen Eigensinn. »Wenn man ihm sagte, er solle dieses oder jenes tun oder lassen«, erinnerte sich Marcus, »dann saß er da, und sein kleines Gesicht war ganz finster und verschlossen ...«

James Deans schauspielerische Neigung wurde bald von Adeline Nall entdeckt, die an der Fairmount High School Schauspielunterricht zu erteilen begann, als Jimmy in die Grundschule kam. Sie weiß noch, wie er sich von der vierten bis zur siebten Klasse jedes Stück ansah, das an der Fairmount High School aufgeführt wurde, und daß er bereits einige ›dramatische Lesungen‹ bei der Women's Christian Temperance Union (WCTU) gegeben hatte, als er sie in der siebten Klasse bat, ihm beim Einüben eines melodramatischen viktorianischen Stücks mit dem Titel ›Bars‹ zu helfen. Dies wurde eine lehrreiche Erfahrung für Nall: Der dreizehnjährige Junge beschimpfte sie nämlich, als er es mit ›Bars‹ nicht

Jimmy (mit Brille) mit Kameraden aus der Leichtathletikmannschaft, Fairmount, 1949

Jimmy 1940 (vorderste Reihe, dritter von rechts) mit verbundenem Finger in der Grundschule von Fairmount

Schon fast ein Mann: Jimmy in der Abschlußklasse der Fairmount High School (1949)

Links: Jimmy (zweiter von links) in der Basketball-Mannschaft der Fairmount High School (1948)

schaffte, die höchste Auszeichnung der WCTU, die ›Pearl Medal‹, zu gewinnen.

Während der Kriegsjahre spielte sich Jimmy Deans Leben hauptsächlich ungefähr ›eine halbe Meile Landstraße‹ entlang ab. Wenn er nicht auf der Farm zu finden war, dann steckte er in Marvin Carters Fahrradreparaturwerkstatt oder bei seinem Freund Whitey Rust, wo er Go-Karts baute. (Whitey sollte eines Tages Sargträger bei Jimmys Beerdigung sein.) Marvin Carter hat Jimmy als einen eigenartigen, ernsten Jungen in Erinnerung, der seinen Laden ohne ein Wort der Begrüßung betrat. »Er kam einfach herein, ohne ein Lächeln und ohne auch nur einen Ton von sich zu geben.« Eine Angewohnheit, die er auch noch als Erwachsener beibehielt.

Jimmy scheint weder intro- noch extravertiert gewesen zu sein; er war einfach zu unberechenbar, als daß man ihn einer dieser Kategorien hätte zuordnen können. Seine schauspielerischen Neigungen konnten ihn auch nicht von so typisch amerikanischen Sportarten wie Basketball und Leichtathletik abhalten. Und obwohl er nur 1,73 cm groß und blind wie ein Maulwurf war, erwies er sich dennoch im Basketball als guter Verteidiger und als glänzender Stabhochspringer. In dem ›Selbstporträt‹ aus der letzten Klasse der High School steht der kitschige Satz: »Bei Sport schlägt das Herz eines jeden amerikanischen Jungen höher«, aber — so schrieb er an anderer Stelle in dem Aufsatz —, »ich glaube, ich werde mein Leben der Kunst und dem Schauspiel widmen.« Sein Basketballtrainer, Paul Weaver, erinnert sich, daß »Jimmy nicht leicht zu führen war. Ich begriff schnell, daß ich ihn nicht vor den anderen Jungs blamieren durfte.« Gegen Ende des letzten Schuljahres erzielte Jimmy in drei Spielen 40 Punkte.

Auch wenn Fairmount dem Hollywood-Klischee einer typischen Kleinstadt im Mittleren Westen sehr nahe kam, so konnte es sich — wenn schon keines nachweisbaren Rebellen — doch zumindest eines echten Exzentrikers rühmen. James DeWeerd, der Pastor der Wesleyan Church Fairmounts, war so merkwürdig wie sein Name: ein ehemaliger Armeekaplan aus Cincinnati, der als Held aus dem Krieg zurückgekehrt war. Er war ungeheuer gebildet, weitgereist und kannte sich in Poesie, Philosophie und klassischer Musik aus — in den Augen der frühreiferen Schüler

Jimmy 1946 in der Baseball-Mannschaft (hintere Reihe, zweiter von rechts)

Links: Obwohl Jimmy relativ klein war, war er ein geschickter Basketball-Verteidiger und erzielte im letzten Jahr an der Fairmount High School sogar 40 Punkte in nur drei Spielen (1948)

Unten: Jimmy bei einem Football-Spiel in Fairmount (1948)

der Fairmount High School eine außergewöhnliche Persönlichkeit. Er war vermutlich Jimmys erstes intellektuelles Leitbild — und er führte den Jungen sowohl in die Welt der Stierkämpfe ein (er zeigte ihm einen Film, den er in Mexiko gedreht hatte) als auch in die der Auto- und Motorradrennen. »Ich lehrte Jimmy den Glauben an die Unsterblichkeit«, sagte DeWeerd später. »Er hatte keine Angst vor dem Tod, denn er glaubte, ebenso wie ich, daß der Tod der Sieg des Geistes über die Materie ist.« Man kann sich den heranwachsenden Dean gut vorstellen, wie er mit Stimmbruch und Pickeln zu Füßen von DeWeerd saß und dessen eigenartige, bilderstürmerische Gedanken in sich aufsog. Wahrscheinlich hatte der Junge niemals zuvor jemanden abschätzig über das kleinstädtische Leben in Fairmount reden hören — und schon gar nicht einen Pastor.

1947 war Jimmy das zweite Jahr an der Fairmount High School und Mitglied im Ausschuß der Thespian Society, der die Stücke auswählte. Im März spielte er die Rolle des John Mugford in *Mooncalf Mugford,* einem dreißigminütigen Drama von Brainerd Duffield und Helen und Nolan Leary. Mugford ist ein alter Mann, der darauf beharrt, daß die Visionen, die er am Meer hat, Wirklichkeit sind. Auf dem Höhepunkt des Stücks nimmt er seine Frau mit zum Meer, um ihr alles zu zeigen. »Ich werde nie vergessen, wie Jimmy ›seine Frau‹ fast erdrosselte, bis sie zugab, auch seine Visionen zu sehen«, meinte Adeline Nall lachend. Wie als Jett Rink in *Giganten* hatte Jimmy auch in diesem Stück einen Mann zu spielen, der um ein Vielfaches älter war als er.

Während der nächsten Trimester bekam Jimmy einige gute Rollen. Er trat in dem vierzigminütigen Gruselstück *The Monkey's Paw* von W. W. Jacobs und Lewis N. Parker auf, man weiß jedoch nicht genau, ob als der unheimliche Major Morris oder der glücklose Herbert White. In *Our Hearts Were Young and Gay* spielte er nicht nur die Rolle des Otis Skinner, sondern arbeitete auch als zweiter Inspizient mit. Im Herbst 1948, zu Beginn seines letzten Jahres an der High School, erhielt nicht er, sondern ein gewisser Joe Eliot die Hauptrolle in *You Can't Take It With You* (*Lebenskünstler*) von Kaufman und Hart. Jimmy spielte statt dessen Grandpa Vanderhof — die Rolle, die Lionel Barrymore in Frank Capras Film aus dem Jahre 1938 berühmt gemacht hatte.

Porträt eines ungewöhnlichen Basketball-Helden (1949)

Außerdem trat er in *Goon With The Wind* auf, einer Halloween-Revue im Vaudeville-Stil, in der er einen zurückgewiesenen, rachesüchtigen Bösewicht mit Pelerine und Schnurrbart spielte. Da ihm dies noch nicht reichte, machte er den Abend für sich vollends zu einem Erfolg, indem er sich am Ende der Show als Frankensteins Monster unter das Publikum mischte. (Er sprach noch jahrelang davon, wie mächtig er sich fühlte, als er im Publikum herumwankte und allen furchtbare Angst einjagte.)

Während seines Abschlußtrimesters im Frühjahr 1949 erschien Jimmy auf der Titelseite der *Fairmount News*, als er bei einem ›dramatischen Vortragswettbewerb‹ in Peru, Indiana, den ersten Platz belegte. Er trug den Monolog des Madman aus Dickens *Pickwick Papers (Die Pickwickier)* vor. Mit diesem Sieg qualifizierte er sich für die Endausscheidung der National Forensic League in Colorado Ende April. Ganz Fairmount legte zusammen, um seine Reise zu finanzieren, und am 27. April fuhr er in Begleitung von Adeline Nall nach Longmont, 50 Meilen nördlich von Denver. Nach der Ankunft drängte Adeline ihn, den zwölfminütigen Madman-Text zu kürzen, da dessen Länge die Jury von vornherein gegen ihn einnehmen würde. Jimmy wollte natürlich nicht hören, schrie sie jedoch an, sie hätte hartnäckig darauf bestehen sollen, als er nur Platz sechs erreichte. (Noch Jahre später war er so sauer darüber, daß er behauptete, die Endausscheidung in Colorado habe ihn nie sonderlich interessiert.)

Eine Woche später nahm Jimmy an einer zweitägigen Schulabschlußfahrt nach Washington, DC, teil. In der Woche darauf schloß er die Schule ab. Er war der zwanzigste von 47 Schülern in einem außergewöhnlichen Jahrgang, gewann einen Preis für die besten Leistungen in Kunsterziehung und die Medaille des besten Allround-Leichtathleten. Einen Monat später gab ihm Fairmount eine rührende Abschiedsfeier, und am 15. Juni stieg er in den Bus nach Kalifornien. Die Jahre in der Kleinstadt waren zu Ende.

Die Fairmount High Debating Society (1949)

KAPITEL ZWEI

DER KALIFORNISCHE TRAUM

»ICH BIN WEDER DER BOBBY-SOX-TYP
NOCH EIN ROMANTISCHER LEINWANDHELD ...«

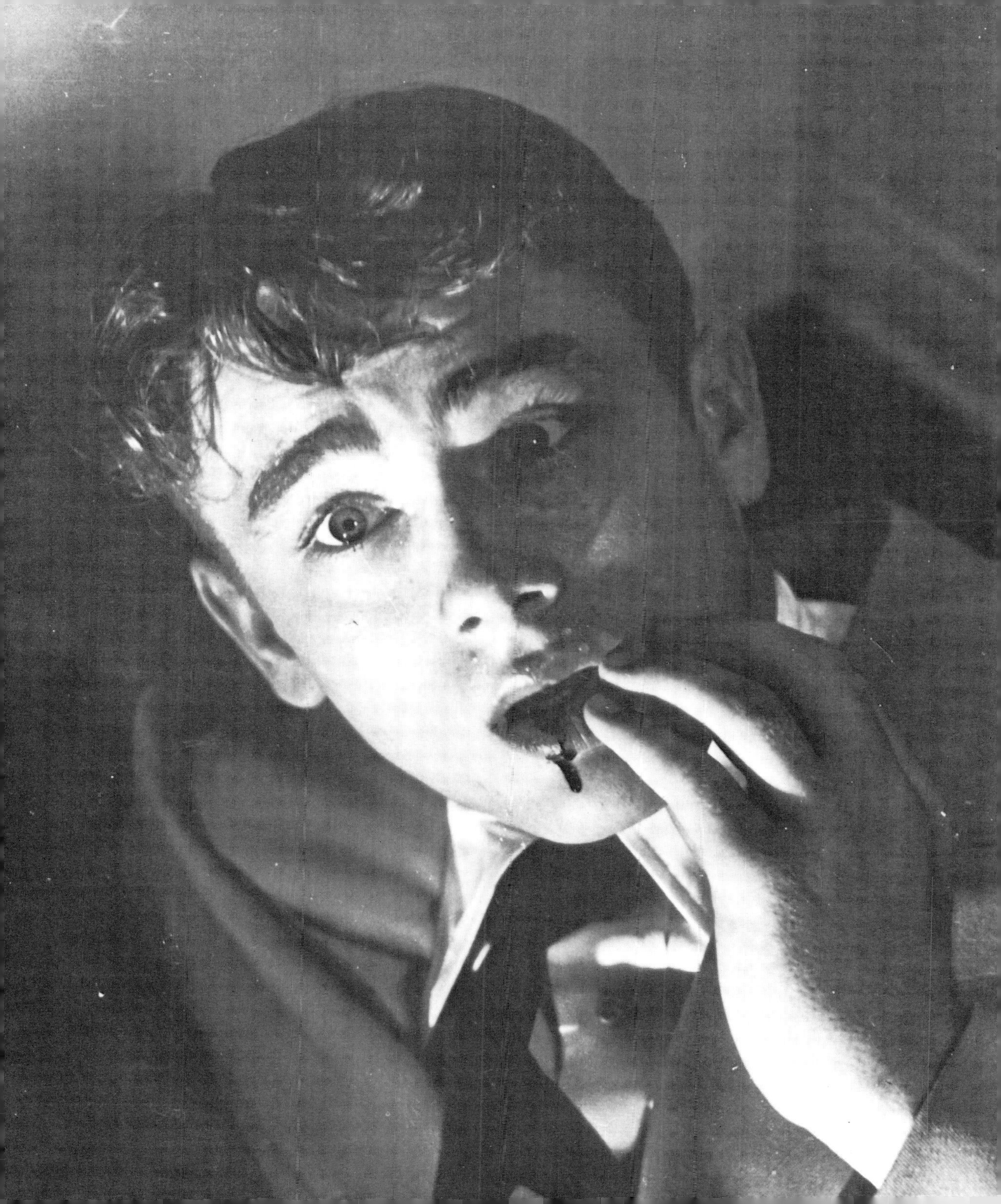

Jimmy wurde an der Bushaltestelle in downtown Los Angeles von seinem Vater abgeholt, der nach wie vor am Sawtelle VA Hospital in Santa Monica arbeitete. Winton Dean war davon, daß sein Sohn bei ihm einzog, zweifellos ebenso wenig begeistert wie Jimmy selbst. Vier Jahre zuvor hatte er eine Frau namens Ethel Case geheiratet, und Sohn und Stiefmutter hatten nicht gerade ein herzliches Verhältnis zueinander. Noch entscheidender aber war wohl, daß Winton Jimmy gerne als Jurist gesehen hätte und hoffte, der Junge würde seinen Hang zur Schauspielerei bald ablegen.

Jimmy legte diesen ›Spleen‹ jedoch nicht ab. Er lebte bei seinem Vater und seiner Stiefmutter in der Saltair Avenue nahe dem Krankenhaus und wurde bald Mitglied in der örtlichen Sommerrepertoiretruppe, der Miller Playhouse Theatre Guild, und schrieb sich für Sommer- und Herbstvorlesungen an der UCLA ein, um Schauspielunterricht zu nehmen. Selbst wenn die Theatertruppe »der gehässigste, bissigste, narzißtischste Haufen von Leuten, den man je gesehen hat«, war und man sich »ständig an die Kehle ging« (wie er später erklärte), so erhielt er dort doch eine billige Inspizientenausbildung und in einem Einakter namens *The Romance Of Scarlet Gulch* eine Rolle ohne Text. Im Programm war er als Byron James angeführt, und er überlegte, ob er diesen Namen beibehalten sollte.

Jimmy kam jedoch Wintons Wunsch nach, am Santa Monica City College und nicht an der UCLA zu studieren, und trat dort im Januar 1950 zu seinem ersten Studienjahr mit dem Hauptfach Sport an. (Das College teilte sich zu jener Zeit das Gelände mit der Santa Monica High School, die fünf Jahre später als Drehort für Dawson High in ... *denn sie wissen nicht, was sie tun* dienen sollte).

Während seines Studiums dort hatte er das Glück, von Jean Owen, der Leiterin der Theaterabteilung des College, unterrichtet zu werden, die sich seinem Talent gegenüber ebenso aufgeschlossen zeigte wie Adeline Nall an der Fairmount High School. Jean war die erste Mutterfigur unter vielen anderen, die noch in Jimmys Leben eine Rolle spielen sollten. Bei ihr konnte er oft stundenlang Gedanken und Probleme abladen. Bezeichnenderweise gab sie ihm auch die Rolle des Hamlet — eine Rolle, die der junge Dean besonders intensiv empfunden haben muß, da auch er sich von seiner Mutter verraten und verlassen fühlte. Auf dem Gipfel seines Ruhmes sagte er zu Hedda Hopper, daß nur ein junger Mann den Hamlet spielen könne; bei älteren Schauspielern wie z.B. Olivier »hat man den Eindruck, daß sie nicht denken, sondern nur deklamieren«. Jean Owen hat sein Spiel als »außerordentlich einfühlsam« in Erinnerung.

Über Jimmys gesellschaftliches Leben während jener Zeit ist nicht viel bekannt, außer daß er häufig als Reserveverteidiger im Basketballteam des College eingesetzt wurde und oft als Ansager bei der UKW-Radiostation des College tätig war. Mit seinem Studienkollegen Larry Swindell, dem zufolge sich Jimmy als »eine Art Renaissance-Mensch betrachtete«, hing er häufig bei Ray Avery's Record Roundup am La Cienega Boulevard herum und hörte sich die neuesten Jazz-Platten an. Die beiden hatten auch oft zur gleichen Zeit Rendezvous in Cafés wie z.B. The Cave und The Point (am Meer) und fuhren mit Larrys schwarzem Chevrolet-Coupé durch die Gegend. Möglicherweise war Diane Hixon, eine gertenschlanke Blondine, Jimmys erste richtige Freundin, denn mit Sicherheit kann sich niemand daran erinnern, daß er sich an der Fairmount High School jemals einem Mädchen näherte. Sein Freund und erster Biograph, Bill Bast, berichtete jedoch später in *James Dean* (1956), daß Diane bald vor der Verantwortung zurückschreckte, als Mutterersatz zu fungieren. Außerdem trat er einer weiteren Theatertruppe bei, der Santa Monica Theatre Guild, und half für den Maifeiertag ein Stück mit dem Titel *She Was Only A Farmer's Daughter* auf die Beine zu stellen.

Am Ende des Sommertrimesters kam Jimmy mit A-Noten (= 1) in Sport und Schauspielerei und C-Noten (= 3) in den Juraeinführungskursen nach Hause. Die Noten sprachen für sich, und Winton fand sich mit der Entscheidung seines Sohnes ab, sich im September an der UCLA mit Hauptfach Theaterwissenschaft einzuschreiben. Um die Studiengebühren an der Universität bezahlen zu können, arbeitete Jimmy während der Sommerferien als Leichtathletiklehrer in einem Ferienlager für Jungen in Glendora, einem Vorort von Los Angeles, nordwestlich von Hollywood.

Jimmy als Malcolm in der UCLA-Aufführung von *Macbeth* (1951)

Mit dem Wechsel zur UCLA war eine weitere Veränderung verbunden, die vielleicht ebenso schwerwiegend war: Jimmy zog aus dem Haus seines Vaters aus und nahm sich ein Zimmer bei der Sigma-Nu-Studentenverbindung in der Gayley Avenue. Obwohl er dem Bild eines Verbindungsstudenten in keiner Weise entsprach — »er ging einen großen Teil seiner Zeit eigenen Interessen nach, anstatt an Gruppenaktivitäten teilzunehmen«, beklagte sich der Vorsitzende der Verbindung, Manuel Gonzales —, war der Beitritt zu Sigma Nu doch ein notwendiger Schritt in Richtung Unabhängigkeit, denn von nun an wohnte Jimmy nie mehr zu Hause oder bei Verwandten. Einer seiner ersten Freunde an der UCLA war Jim Bellah, Sohn des Romanschriftstellers James Warner Bellah. »Jimmy war jemand, der immer unbedingt gewinnen wollte«, erinnert sich Jim, der einige Monate lang Jimmys Fechtpartner war.

Im Oktober erlebte Dean »die größte Freude seines Lebens«,

als er in einer großen UCLA-Inszenierung von *Macbeth*, die in der 1600 Menschen fassenden Royce Hall vom 29. November bis 2. Dezember aufgeführt wurde, die Rolle des Malcolm bekam. Jemand, der sich noch heute an Jimmys Malcolm erinnert, ist Bill Bast, ein Mann, der Jimmy in den noch verbleibenden fünf Lebensjahren so nahe kam wie kein anderer. Jimmy sprach mit starkem Indiana-Akzent, und seine Darbietung war Basts Worten zufolge »wie das qualvolle Ziehen eines Zahnes«. Bast schrieb Dean sogleich als uninteressant und chancenlos ab — nicht ahnend, daß er ihm einige Tage später von einer bis über beide Ohren verliebten gemeinsamen Freundin mit Namen Jeanetta Lewis vorgestellt werden sollte.

Bill, der von der University of Wisconsin an die UCLA gekommen war, stammte ebenfalls aus dem Mittleren Westen, fühlte sich dem ›grünen‹ Farmjungen, den Jeanetta ihm vorstellte, aber bei weitem überlegen. »Er war sehr, sehr dumm für einen Jungen seines Alters«, erinnert sich Bill, »aber er hatte etwas Merkwürdiges an sich.« Jimmy seinerseits erkannte schnell, daß er von Bast lernen konnte, und schlug ihm trotz der offensichtlichen Gegensätze zwischen ihnen vor, gemeinsam eine Wohnung zu mieten. Die Situation bei Sigma Nu spitzte sich zu, denn Jimmy hatte mit einem der ›Brüder‹ einen Boxkampf angefangen und der Ausschluß schien bevorzustehen. Die beiden Studenten durchstreiften Santa Monica auf der Suche nach einer Wohnung, die sie sich leisten konnten und die nicht zu heruntergekommen war. Beide waren bettelarm, obwohl Jimmy sein dünnes Geldpolster als Filmvorführer bei Vorlesungen an der Universität aufzubessern suchte. Auf der Wohnungssuche begann Bill Eigenschaften an Jimmy festzustellen, die ihm bedauerlicherweise fehlten — ›Kraft, Sicherheit, Hingabebereitschaft, Unabhängigkeit‹. »Die einzige Größe eines Menschen«, verkündete Jimmy ziemlich pathetisch in der Nacht, in der sie beschlossen, gemeinsam eine Wohnung zu suchen, »ist Unsterblichkeit.« Es wäre ein leichtes gewesen, über diesen ernsten, hübschen Bauernlümmel zu lachen, der Kultur und Philosophie in sich aufsog wie Jett Rink, der sich auf Little Reata weiterbildet, aber irgend etwas an seinem Ton signalisierte, daß es ihm ernst war. »Es war erstaunlich, wie schnell er Bildung und Wissen in sich aufnahm«, sagt Bill. »So als wüßte er, daß ihm nicht viel Zeit blieb, seine Lücken zu schließen.«

Bei seinem Auszug bei Sigma Nu hinterließ Jimmy eine unbezahlte Rechnung in Höhe von $ 45. Er zog mit Bill in eine mexikanisch gestylte Penthouse-Wohnung mit drei Zimmern, in das sie sich trotz der relativ hohen Miete verliebt hatten. »Ich hatte das Gefühl, das gesamte Penthouse hänge in der Luft«, schrieb Bill über die magische Junggesellenbude mit ihrer aztekischen Ausstattung. Als Jimmy die Wohnung zum ersten Mal sah, lief er wie ein kleiner Junge darin herum und berührte und probierte alles aus, was er sah. Dies war wahre Unabhängigkeit. Hier brachten die beiden Thespisjünger Mädchen zum Abendessen bei Kerzenlicht nach Hause und lasen ihnen Passagen von Henry Miller vor. Ab und zu sprangen sie spontan in den '39er Chevy, den Winton Jimmy zum Geburtstag geschenkt hatte, und fuhren zum Frühstück nach Santa Barbara. Aber nicht jeden Tag führten sie ein so unbeschwertes Künstlerleben. Bill Bast merkte bald, daß Jimmy mehr als nur ein bißchen manisch-depressiv war. Wenn es ihm nicht gut ging, konnte er sich zwei oder drei Tage lang in ein düsteres Schweigen zurückziehen — dann plötzlich waren sie wieder die besten Freunde. Eben diese Unbeständigkeit und Unberechenbarkeit waren es, die Bill letztendlich nicht mehr aushielt.

Sie nahmen es beide nicht so genau mit dem Studium — außer wenn es ums Theater ging. Neben seinem Hauptfach Theaterwissenschaften studierte Jimmy angeblich auch Geographie, lateinamerikanische Geschichte und allgemeine Anthropologie. Doch Joseph Birdsell, sein Anthropologieprofessor, kann sich nicht erinnern, Jimmy auch nur ein einziges Mal in seiner Vorlesung gesehen zu haben. Jeder, der wollte, konnte sehen, daß er nur ein Ziel hatte: Schauspieler zu werden — und sonst nichts. »Ich möchte noch nicht einmal der Beste sein«, sagte er zu Bill. »Aber ich möchte so berühmt werden, daß niemand an mich heranreicht. Nicht, um irgend etwas zu beweisen, sondern nur um das zu erreichen, was man erreichen sollte, wenn man sein ganzes Leben einer einzigen Sache widmet.« Der erste Wendepunkt kam, als ihn sein Fechtpartner Jim Bellah der Hollywood-Agentin Isabel Draesmer vorstellte, die ihn sofort annahm. Und sein

Trotz seines komischen Indiana-Akzents war Jimmys Auftritt in *Macbeth* das bisher ›aufregendste Ereignis‹ seines Lebens

Jimmy mit Bill Basts Mutter vor dem Apartment in Santa Monica, 1950. Ihr Besuch bewahrte die beiden eine weitere Woche vor dem Hungertod

erster Job — ein Pepsi-Werbespot für den New Yorker Werbemann Ben Alcock — folgte zwei Wochen später. In diesem Spot mußte er in einer Gruppe von Teenagern, unter ihnen auch Nick Adams (später einer von Buzz' Bande in … *denn sie wissen nicht, was sie tun*), um eine Musikbox herumtanzen. Für diesen Geniestreich, an dem Stanislawskij seine Freude gehabt hätte, bekam er $ 30.

Jimmy und Bill waren nach wie vor arm. Die meiste Zeit saßen sie in ihrer Wohnung herum und durchforsteten die *Daily Variety* und den *Hollywood Reporter* nach Rollenangeboten. Hin und wieder arbeiteten sie als Platzanweiser beim CBS Radio Workshop – nicht gerade ein begehrenswerter Job, aber einer, der oft nützliche Kontakte mit sich brachte. Bill hatte Jimmy bei CBS untergebracht, und Jimmy revanchierte sich, indem er seinen Wohnungsgefährten Isabel Draesmer vorstellte. (Innerhalb eines Jahres gab Bill dann den Gedanken, Schauspieler zu werden, auf und sattelte auf eine später erfolgreiche Karriere als Drehbuchautor um.) Bill gelangte nach und nach zu der Erkenntnis, daß Jimmy im Grunde ehrlich war, auch wenn sein eifriges Bestreben, Eindruck zu schinden, manchmal zu einem etwas lockeren Umgang mit der Wahrheit führte. Jimmy prahlte oft mit seinem Basketballtalent und seinen waghalsigen Motorradkunststücken; jetzt kam noch sein Erfolg bei Frauen hinzu — die ihm einfach zu Füßen lagen, ohne große Verführungskünste seinerseits. »Wenn er seine kleinen Egomanien zum besten gab, tat er das nicht aus Arroganz«, schrieb Bill in *James Dean,* »sondern eher, um sich daran zu ergötzen, für ihn bedeutende, genußvolle Erfahrungen wieder aufleben zu lassen.«

Im Januar 1951 hatte es Jimmy mehr oder weniger aufgegeben, die Vorlesungen an der UCLA zu besuchen. Er rechtfertigte dies damit, daß er in einem Stück von Howard Richardson und William Berney mit dem Titel *Dark Of The Moon* nicht als der Witch Boy auftreten durfte. »Ich konnte die Tee trinkenden, verstaubten Akademiker nicht ertragen«, sagte er später zu Hedda Hopper. Einen inoffiziellen, wöchentlich stattfindenden Schauspielkurs des angesehenen Broadway-Schauspielers James Whitmore besuchte er jedoch gerne. Dieser Kurs war eigentlich Bill Basts Idee, der im Gedanken an das legendäre Actors' Studio, das Lee Strasberg und Elia Kazan in New York gegründet hatten, Whitmore vorschlug, etwas Ähnliches in Hollywood zu versuchen. Whitmore erklärte sich unter der Bedingung einverstanden, daß Bast acht oder zehn junge Schauspieler für den Unterricht zusammentrommelte. Einer von ihnen war Jimmy, obwohl Bill keinen Grund zu der Annahme hatte, daß sein Freund je besser spielen würde als in *Macbeth*.

Whitmore war ein begeisterter Vertreter des inzwischen ein wenig berüchtigten ›Method Acting‹, das auf den Theorien des Russen Konstantin Stanislawskij beruht. ›Method‹ bedeutete, daß der Schauspieler zur Verkörperung einer Rolle auf seine persönlichen Gefühle und Erfahrungen zurückzugreifen hatte. Das kam James Dean ungeheuer entgegen, der nach dem Treffen mit Whitmore erklärte, er sei zu der Erkenntnis gelangt, daß er bereits Schauspieler *sei* — die Frage, Schauspieler zu *werden*, stellte sich jetzt nicht mehr. »Es gibt immer jemanden im Leben, der einem die Augen öffnet«, sagte er zu Hedda Hopper. »In meinem Fall war es Whitmore. Durch ihn erkannte ich mich selbst. Er öffnete mich, gab mir den Schlüssel.« Als Jimmy 1954 wegen *Jenseits von Eden* zu Warner Brothers kam, drehte Whitmore auf einem Set nebenan gerade Raoul Walshs *Battle Cry (Urlaub bis zum Wecken)*, und Jimmy ging eigens zu ihm hinüber, um ihm für seinen Unterricht zu danken.

James Whitmores Kurs, der in einem Konferenzraum über Brentwood County Mart an der 26th Street Ecke San Vincente Boulevard stattfand, kam, verglichen mit den anderen in Hollywood, dem Unterricht Lee Strasbergs wahrscheinlich am nächsten. In einer Unterrichtsstunde ließ er Jimmy und Billy zusammen eine Szene spielen: Jimmy stellte einen Dieb dar, der von Bill, der einen Juwelier spielte, eine gestohlene Armbanduhr wiederzubekommen versuchte: Jimmy identifizierte sich in dieser Szene dermaßen stark mit seiner Rolle — ›konzentrierte sich‹, wie Whitmore es zu nennen pflegte —, daß die Szene fast mit einer Prügelei endete. Whitmore hatte ihn gelehrt, daß es nicht reiche, die Grundbegriffe der Schauspielerei zu kennen.

Im März schickte Isabel Draesmer Jimmy und Jim Bellah zum Vorsprechen für ein Fernsehspiel mit dem Titel *Hill Number One*, einer ziemlich verkrampften Osterallegorie, die das Jerry Fairbanks Studio produzierte. In diesem vom Father Peyton's Family Theater finanzierten Fernsehspiel verwandelt sich eine Gruppe Soldaten im Zweiten Weltkrieg plötzlich in die Jünger Jesu, die nach der Kreuzigung ihres Meisters darüber diskutieren, ob sie auseinandergehen sollen. Jimmy erhielt die Rolle des Apostel Johannes, des jüngsten Jüngers; Raymond Burr spielte Petrus und Lief Erickson Pontius Pilatus. »Haben wir deshalb unsere Netze hinter uns gelassen?« ruft der Jüngste aus, als sie alle am Tisch sitzen. »Nur um wieder zu unseren Booten zurückzukehren?« Und in einer späteren Szene vor Christus' Grab: »Er wird uns erleuchten! Kommt, wir müssen diese frohe Botschaft schnell verkünden!«

Bill Bast beobachtete, wie sich bei Jimmy vor der Übertragung eine nervöse Anspannung aufbaute. Wie die meisten Fernsehspiele der fünfziger Jahre wurde auch *Hill Number One* live ausgestrahlt. Jimmy hatte schreckliche Angst. Dazu plagte ihn eine starke Erkältung, die seine Stimme unnatürlich tief klingen ließ. Doch er riß sich zusammen und bekam $ 150, die gerade für seine zweite Miete reichten. Die Kritiker zeigten nur geringes Interesse, eine Gruppe von Schulmädchen aus Los Angeles hingegen geriet so ins Schwärmen, daß sie die ›Immaculate High James Dean Appreciation Society‹ gründete, seinen ersten Fanclub. Die Mädchen nahmen über Isabel Draesmer Kontakt zu Jimmy auf und luden ihn zu einer ihm zu Ehren veranstalteten Party ein, zu der er in Begleitung von Bill auch pflichtbewußt hinging. »Es war eine dieser peinlichen Geschichten, wo alle mehr oder weniger dumm herumstehen«, schrieb Bill später. »Jimmy mußte nach Kräften den Star spielen. Und er genoß es und nützte die Situation weidlich aus.« Der Verein löste sich später aus Geldmangel auf, ein Problem, das dem Gegenstand ihrer Verehrung nicht fremd war.

Nach *Hill Number One* herrschte eine Flaute, und Jimmy verfiel oft in furchtbare Depressionen. In diesem Zustand ging er nachts oft zum Venice Amusement Pier und hing bis zum Sonnenaufgang mit verschiedenen Saufbrüdern und Spinnern herum. Bill erkannte bald, daß es besser war, ihn in Ruhe zu lassen, statt den Versuch zu unternehmen, ihm zu helfen. Hatte Jimmy seine Depressionen überwunden, schien es, als ob nichts gewesen wä-

Jimmy als Apostel Johannes (mit einer nicht zu überhörenden Erkältung) im Oster-Fernsehspiel *Hill Number One* (1951)

re. Ein Grundstücksmakler aus Los Angeles, der zu jener Zeit Schauspieler war, meinte zu Deans nächtlichen Exkursionen: »Er sah völlig fertig aus, wie ein jugendlicher Landstreicher. Meistens hing er in Santa Monica herum und blickte ganz jämmerlich drein, oder er aß einen Hot Dog und lief immerzu hier am Strand auf und ab.«

Wenn Jimmy und Bill völlig pleite waren, kam ihnen meist irgendwer zu Hilfe. Bills Mutter kam zu Besuch und blieb eine Woche, füllte die Speisekammer auf und kochte jeden Abend für sie. Aber Jimmy haßte es, sich verpflichtet zu fühlen, wie Bill sagt: »Er fühlte sich immer beschämt, wenn jemand etwas für ihn tat.« Hinter seiner Depression stand die Entschlossenheit, ohne Hilfe zu Erfolg zu kommen, um seiner toten Mutter zu beweisen, daß er es auch ohne sie schaffen konnte. Eines Tages, als Bills Mutter zu Besuch war, arbeitete Jimmy wie ein Besessener an einem Mobile, ohne auch nur ein einziges Wort mit ihr zu reden; gegen Abend war sie mit ihren Nerven am Ende.

Jimmy ging noch immer mit Jeanetta Lewis aus, als Bill Bast ihm seine eigene Freundin Beverly Wills vorstellte, eine Schauspielerin, die in der CBS-Radioshow *Junior Miss* die Rolle der Fluffy Adams spielte. Als sich die beiden Paare zum ersten Mal zu einem gemeinsamen Rendezvous trafen, fand Beverly Jimmy ›ziemlich unheimlich‹, bis er anfing, über die Schauspielerei und Stanislawskij zu sprechen. Bis zum Sommer gab sie seinetwegen Bill den Laufpaß und fütterte ihn regelmäßig in der Villa ihrer Mutter (der Komödiantin Joan Davis) in Bel Air durch. Die Party anläßlich ihres achtzehnten Geburtstages in dieser Villa — mit Gästen wie dem Starlet Debbie Reynolds von MGM, die gerade in *Three Little Words* (1950) mitgespielt hatte — war eines der größeren gesellschaftlichen Ereignisse jenes Jahres.

Bill Bast brach es nicht unbedingt das Herz, aber er fand das Zusammenleben mit Jimmy noch aus anderen Gründen zunehmend schwieriger. Nüchtern betrachtet, war er es einfach leid, Jimmy finanziell zu unterstützen, nur weil der nicht ebenso bereit war wie er selbst, langweilige Teilzeitjobs anzunehmen. (Man hatte Jimmy die Stellung als Platzanweiser bei CBS gekündigt, die ihm Bill besorgt hatte.) Darüber hinaus wurden Deans Stimmungsschwankungen immer schlimmer und sein alles überlagerndes Selbstmitleid immer unerträglicher. Als Jeanetta Lewis dann noch dahinterkam, daß Jimmy sie betrog, beschlossen sie und Bill gemeinsam, Jimmy die Freundschaft aufzukündigen. Als sie Bills Sachen aus der Wohnung holen wollten, kam es zu einer häßlichen Szene: Jimmy geriet in Rage und gab Jeanetta drei Ohrfeigen. Als sie dann wegfuhren, sahen sie ihn mit Tränen in den Augen auf der Straße stehen.

Eine Zeitlang konnte Jimmy das Penthouse-Apartment allein unterhalten, indem er sich Geld von Beverly Wills borgte und als Parkplatzwächter bei CBS arbeitete. Dieser Job war nicht nur reine Plackerei, wie viele männliche angehende Stars aus jener Zeit wahrscheinlich bestätigen können. In der Filmindustrie Hollywoods gab es immer viele Homosexuelle, und CBS bildete da keine Ausnahme. Und Jimmy war nicht nur ehrgeizig genug, um seine körperliche Schönheit nutzbringend einzusetzen, sondern auch narzißtisch ambivalent genug, um auch die sexuelle Aufmerksamkeit reiferer Männer zu genießen. Als Rogers Brackett, der 35jährige Regisseur der wöchentlichen Radioshow *Alias Jane Doe,* eines Morgens auf den Parkplatz fuhr, fühlten sie sich sofort zueinander hingezogen. Einige Wochen darauf zog Jimmy in Bracketts Wohnung am Sunset Plaza Drive, einer steilen Straße, die sich vom Sunset Strip aus in die Hügel von Hollywood hinaufschlängelt.

Das Verhältnis mit Brackett war für Jimmy ein willkommener Anlaß, um mit Beverly Wills zu brechen, derer Dean immer überdrüssiger wurde. Eines Nachts machte er ihr im Paradise Cove, einem Wohnwagen-Campingplatz am Meer in der Nähe von Malibu, auf dem Beverlys Vater seine Wochenenden verbrachte, eine Szene, als er sie mit einem jener blonden, sonnengebräunten Strand-Typen tanzen sah, die ihm das Gefühl vermittelten, dort fehl am Platze zu sein. Vielleicht war er wirklich eifersüchtig; wahrscheinlich aber suchte er nur nach einem geeigneten Vorwand, um die Beziehung zu beenden.

Rogers Brackett verschaffte Jimmy Arbeit bei *Alias Jane Doe* und *Stars Over Hollywood,* was ihm wiederum einige kleine Filmrollen einbrachte. Sam Fuller, der zu einem der Helden der französischen *Nouvelle Vague* mit Filmen wie z.B. *Underworld USA* (1961) und *Shock Corridor* (1961) werden sollte, war mit

Brackett befreundet und gab ihm zuliebe Jimmy eine Rolle als GI in seinem Korea-Krieg-Film *Fixed Bayonets*. Aber wie das Schicksal so spielt, wurde sein einziger Satz in diesem Film später herausgeschnitten. In der Paramount-Produktion *Sailor Beware*, einem nicht sonderlich komischen Film mit Dean Martin und Jerry Lewis, spielte Jimmy einen Sekundanten von Lewis' Gegner in einer Boxszene. In einer weiteren Komödie, in *Has Anybody Seen My Gal?* von Douglas Sirk, hatte er sogar einige Sätze zu sagen, allerdings ging es nur darum, bei Charles Coburn einen raffinierten Becher Eis zu bestellen. In dem Sirk-Film spielte Rock Hudson die Hauptrolle, den Jimmy während der Dreharbeiten für *Giganten* so abgrundtief hassen lernen sollte.

Seinen Freunden gegenüber lachte Jimmy über das Zusammenleben mit Brackett und tat es als Bratkartoffelverhältnis ab. »Es stellte sich für ihn die Frage«, sagte Isabel Draesmer, »ob er die Tochter von Joan Davis heiraten oder mit einem Studioregisseur zusammenziehen sollte.« Aber er nutzte die Situation, so gut er nur konnte, und begleitete Brackett auf exklusive Parties, zu Privat-Vorführungen und in teure Restaurants. Mit Hilfe eines mit Brackett befreundeten Arztes gelang es ihm auch, sich — mit der Erklärung, er sei homosexuell — vor dem Militärdienst zu drücken, der seit seiner Abreise von Fairmount drohend über ihm schwebte. »Es war eine Vater-Sohn-Beziehung«, sagte Brackett über diese Affäre, »aber sie war auch inzestuös.«

Brackett war Rechnungsprüfer bei der Werbefirma Foote, Cone & Belding. Dort war er unter anderem für die Finanzierung der Show *Alias Jane Doe* zuständig, deren Regisseur er gleichzeitig war. Es mag zwar merkwürdig klingen, doch dies war im Hollywood der fünfziger Jahre keineswegs ungewöhnlich. Mit Jimmy, den er witzigerweise Hamlet nannte, besuchte er mehrere Male einen Homosexuellenclub mit dem einfachen Namen The Club, gleich östlich des Hollywood Freeway auf dem Hollywood Boulevard. Er brachte Jimmy auch den Stierkampf wieder nahe — eine weitere Sportart, die ihn faszinieren sollte — und nahm ihn öfters zu Stierkämpfen nach Mexiko mit. In Mexicali trafen sie den Regisseur Budd Boetticher, der einen Film mit dem Titel *The Bullfighter And The Lady* drehte. Boetticher fühlte sich zu Dean hingezogen und schenkte ihm ein blutverschmiertes Cape, das dem legendären, aus Brooklyn stammenden Matador Sidney Franklin gehört hatte. Jimmy hütete dieses Cape fortan wie einen Schatz.

Als sie eines Tages wieder von einer solchen Reise zurückkehrten, prahlte Jimmy Bill Bast gegenüber, er habe mit einem zweijährigen Stier gekämpft. Ob Bill es ihm glaubte oder nicht — es amüsierte ihn, daß Jimmy immer noch nicht den zwanghaften Drang abgelegt hatte, sich als Macho zu brüsten. Sie saßen in Barney's Beanery, einem bekannten Treff für Strichjungen aus der Filmszene und arbeitslose Schauspieler, und der Drugstore-Matador Jimmy räumte seine Differenzen mit Bill beiseite und brachte ihn auf den neuesten Stand der James Dean Story. Er ließ in diesem Gespräch viele Namen fallen und auch bissige Randbemerkungen über die Kreise, in denen Rogers Brackett sich bewegte. Bei späteren Treffen schlug diese Bissigkeit in offene Wut über den ›Steptanz‹ um, den er praktizieren sollte — was sich höchstwahrscheinlich auf erniedrigende sexuelle Gefälligkeiten bezog. »Sie halten sich für Götter«, beklagte er sich bei Bill und verkündete, er werde aus der Hollywood-Szene aussteigen. »So verliere ich zumindest meine Würde nicht ganz.« Offensichtlich wurde ihm allmählich bewußt, daß seine Bettgeschichten nicht nur zur Folge hatten, daß man seine schauspielerischen Leistungen anders beurteilte.

»Ich bin weder der Bobby-sox-Typ noch ein romantischer Leinwandheld«, klagte er. »Sie werden mir nie eine richtige Chance geben.« Um sich zu einem neuen Typ zu stylen, müsse er nach New York gehen.

James Whitmore hatte ihm schon einige Monate zuvor geraten, nach New York zu gehen, und jetzt zog Jimmy dies ernsthaft in Erwägung. Zufälligerweise wurde Rogers Brackett von Foote, Cone & Belding auch dorthin versetzt. Und so verabschiedete sich James Dean am 1. September 1951 von Hollywood und bestieg einen Bus nach New York, der Stadt der *ernstzunehmenden* Schauspieler.

Eine Kostümprobenaufnahme zu Douglas Sirks Komödie *Has Anybody Seen My Gal?*, in der Jimmys winzige Rolle darin bestand, einen kunstvollen Eisbecher zu bestellen (1951)

KAPITEL DREI

DIE HERAUS-FORDERUNG NEW YORK

»INSTINKTIV VERHIELT ER SICH ABSOLUT RICHTIG ... ABER VON ALLEN JUNGEN SCHAUSPIELERN, MIT DENEN ICH JE ZUSAMMENGEARBEITET HABE, HAT ER MICH AM MEISTEN ZUR WEISSGLUT GEBRACHT — ER WAR SCHLAMPIG, UNPÜNKTLICH, EINFACH WIDERWÄRTIG.«
RUTH GOETZ, PRODUZENTIN

Auf seiner Reise an die Ostküste machte Jimmy dreimal unterwegs Station; zuerst in Chicago, wo Rogers Brackett für kurze Zeit arbeitete. Als Brackett merkte, daß Jimmy ernstlich nach New York wollte, rief er seinen Freund, den Komponisten Alec Wilder, an und bat ihn, für den Jungen ein Zimmer im Iroquois Hotel in der 44th Street West zu reservieren. (Wilder, der Komponist von Showklassikern wie ›While We're Young‹, wohnte gleich nebenan im vornehmeren Algonquin.) Weitere Zwischenstationen legte Jimmy dann noch in Indianapolis ein, wo er seinen alten Mentor James DeWeerd besuchte, sowie in Fairmount, wo er ein paar Tage mit ›Mom‹, Marcus und dem inzwischen sechsjährigen Cousin Markie Jr. verbrachte.

Als Jimmy schließlich mit etwas mehr als 100 $ in der Tasche in New York ankam, war er von der Stadt erschlagen und überwältigt — wie es wohl jeder junge Mann seines Alters gewesen wäre. Er fühlte sich so eingeschüchtert, daß er sich einige Tage lang kaum aus seiner unmittelbaren Nachbarschaft, dem Theaterviertel, herauswagte und einen Großteil seiner Zeit und seines Geldes für Kinobesuche ausgab. Im Schutze der Dunkelheit konnte er dort vergessen, wie klein, einsam und unbedeutend er in der riesigen Metropole war. Allmählich jedoch überwand er diese schreckliche Angst vor den gigantischen Gebäuden, die sich bedrohlich über ihm erhoben, und er begann, die Stadt zu erkunden — manchmal allein, manchmal in Begleitung von Harry Drake, dem ersten Fotografen unter mehreren, mit denen er im Laufe seines Lebens befreundet war. In einem Restaurant namens ›Hector's‹ gleich um die Ecke am Times Square konnte man billig essen, und als ihm das Geld ausging, das er zum größten Teil von DeWeerd und den Winslows bekommen hatte, zog er ins YMCA an der 63rd Street West und arbeitete in einer Bar an der 45th Street West als Tellerwäscher.

Nach einigen Wochen jedoch begann Jimmy vorsichtig seine Fühler auszustrecken. Der Werbemanager Jim Sheldon, ein Freund von Rogers Brackett, arrangierte für ihn ein Treffen mit der Agentin Jane Deacy in der Louis Schurr Agency. Jane Deacy ließ sich nicht so leicht von jemandem beeindrucken, aber Jimmy schaffte es sofort, ihre mütterlichen Instinkte anzusprechen, und vom nächsten Tag an hatte er eine Agentin, die ihn bis zu seinem Tode vertreten sollte. Adeline Nall, Jean Owen und jetzt Jane Deacy: drei Frauen aus der Theaterwelt, die Jimmy jeweils auf ihre Art und Weise bemutterten.

Im November hatte er seinen ersten richtigen Job in der Stadt — als Testkandidat bei der äußerst beliebten Fernsehshow *Beat The Clock*. Bud Collier, der Moderator dieser Show, beschäftigte damals eine ganze Reihe arbeitsloser junger Schauspieler und Schauspielerinnen, darunter auch den großen Warren Oates. Jimmy ließ nicht locker, bevor er nicht bewiesen hatte, daß das, was Colliers Kandidaten in der Show im Wettlauf gegen die Zeit zu vollbringen hatten, zu schaffen war. Das war zwar nicht gerade ›der Hamlet‹, doch konnte er sich mit dieser Arbeit über Wasser halten. Nebenher nahm er so viele Casting-Termine wie möglich wahr; damals wurden nicht weniger als 30 Fernsehspiele und -komödien pro Woche live gesendet, und alle wurden in New York produziert.

Als er bei CBS in einem umgebauten Broadway-Theater vorsprach, lernte er den Schauspieler Martin Landau kennen, der einer seiner besten Freunde in der Stadt werden sollte. Sie hingen gemeinsam in Cromwell's Drugstore herum, einem Schauspielercafé im Erdgeschoß des RCA-Gebäudes, oder hörten in Jimmys YMCA-Zimmer Bach und Bartok. Es war ein unkonventionelles Bohemedasein, und die Rolle des aufstrebenden jungen Schauspielers war ein 24-Stunden-Job.

Jimmys erste Freundin in New York war eine Tänzerin namens Elizabeth ›Dizzy‹ Sheridan. Er lernte sie eines Nachts im *The Rehearsal Club* kennen, einer Pension für junge Schauspielerinnen und Tänzerinnen. Er hatte ihre Aufmerksamkeit damit erregt, daß er in der Vorhalle des Clubs wahllos Sätze aus einer Zeitschrift rezitierte. Es war die Verführungstechnik ›Kleiner Junge sucht Spielkameraden‹, die für Dean typisch werden sollte, und der Erfolg blieb nicht aus. Dizzy hat ihn als ›süß‹ und ›intensiv‹ in Erinnerung — »er sprach intensiv über die Dinge, die ihn intensiv bewegten«. Ihre Beziehung war alles andere als eine Sommerfilmidylle wie ›Fluffy‹ Beverly Wills. In Dizzy fand er einen Menschen, der sich als Künstler betrachtete und in Bars auf der West Side über Bücher und Ideen sprechen wollte. Das paßte ausgezeichnet zu seiner Absicht, ein flippiger, antikonformistischer Intellektueller zu werden. Wenn er schon nicht mit Jack Kerouac auf Tour gehen konnte, so konnte er zumindest in der edlen Pose des leidenden Künstlers glänzen. Wie es dann John Dos Passos in seinem Gedicht ›The Death of James Dean‹ (Der Tod James Deans) beschrieb:

> Er entwickelte einen Jargon
> aus Caféhausgesprächen über Bebop
> und Bach,
> aus abgedroschenen Floskeln von Freud,
> Existentialismus
> und Stücken aus Übersetzungen von
> Jean Genet, die unter dem Ladentisch verkauft wurden.

Jimmy und Dizzy nahmen sich zusammen ein Zimmer im Hargrave Hotel an der 72nd Street West, Ecke Columbus Avenue. »Ich wusch seine Socken und seine Unterwäsche«, sagt sie, »und lernte durch ihn Shredded Wheat kennen.« Es war für Dean eine enge, letztlich erdrückende Beziehung, die jedoch länger als die meisten seiner anderen Affären hielt. Er traf sich mit ihr nach ihrem Tanzunterricht oder ihrem Teilzeitjob als Platzanweiserin im Paris Theatre an der 59th Street West. Für gewöhnlich gingen sie dann in ein Café oder, wenn sie es sich leisten konnten, zu Jerry's, einer italienischen Kneipe an der 54th Street West, wo sie sich wie zu Hause fühlten. Als Jimmy im Februar 1952 21 wurde, feierte er mit einigen seiner neuen Freunde bei Jerry's. Zu ihnen gehörten Alec Wilder, der Liedtexter Bill Envig, die Schauspielerin Maggie McNamara und Sir Winston Churchills Tochter Sarah, eine der ersten flippigen englischen Aristokraten in New York.

Rogers Brackett kam zu einem Zeitpunkt in die Stadt, als sich Deans finanzielle Lage wieder einmal zuspitzte. Als Rogers ein Studio im Loft eines fünfstöckigen Hauses in der 38th Street West fand, lud er Jimmy ein, dort einzuziehen, was diesem Schuldgefühle gegenüber Dizzy verursachte. Sie erinnert sich, daß ihm seine Bisexualität schrecklich zu schaffen machte; auch sein Verhältnis zu Brackett bereitete ihm Probleme, denn beide besuchten oft die SM-Clubs im Hafengebiet von West Village, in denen es nicht gerade zimperlich zuging. Barry Strode, damals Produktionsassistent bei verschiedenen New Yorker Fernsehshows, erzählt, daß Jimmy »sich an ein schwules Paar, beide waren Fernsehregisseure, heranmachte und mit ihnen eine Weile zusammenlebte«. Und einer Freundin, Barbara Glenn, schrieb er, er müsse leider wieder den ›Straßenjungen‹ spielen. Nicht ohne Grund bezeichnete Jimmy seine Sugar-Daddies Rogers Brackett und Clifton Webb auch als ›Glucken‹. Als Bill Bast im Sommer nach New York kam, fand er Jimmy in seinem Loft in, wie er sich ausdrückte, »sehr unangenehmen Verhältnissen« vor. Jimmy benutzte Bills Ankunft als Vorwand, die Wohnung zu verlassen, und die beiden taten sich mit Dizzy Sheridan zusammen.

Eine Woche nach seinem 21. Geburtstag erhielt Jimmy eine kleine Nebenrolle in einem Fernsehdrama, die des Hotelpagen in einem Stück mit dem Titel *The Web*. Doch obwohl es nur eine kleine Rolle war, schaffte er es, sich derart mit dem Produzenten Franklin Heller zu überwerfen, daß es nur dem Eingreifen der Regie — bezeichnenderweise wieder einer Frau, Lela Swift — zu verdanken war, daß er nicht gefeuert wurde. Dean machte sich bereits die an Brando erinnernde Pose des launischen, perfektionistischen Stars zu eigen, wahrscheinlich weil er dachte, daß man genau dies von einem neuen ›zornigen jungen Schauspieler‹ erwartete. Die beiden Pole seiner schauspielerischen Persönlichkeit waren Marlon Brando und Montgomery Clift. Später machte er Dennis Hopper gegenüber die treffende Bemerkung, er habe in der einen Hand Brando, der »Leck mich am Arsch!« sage, und in der anderen Clift, der »Bitte vergib mir« flehe. Es war allgemein bekannt, daß er von diesen beiden großartigen ›Produkten‹ der Stanislawskij-Methode besessen war. (Beide behaupteten sogar, daß sie in jener Zeit merkwürdige Anrufe von Dean erhielten; ihre geheimen Telefonnummern wären für einen Schauspieler in New York ohne große Schwierigkeiten herauszubekommen gewesen.)

Nicht lange nach der Liveausstrahlung von *The Web* am 20. Februar verlor Jimmy eine andere Rolle in einer Folge der Privatdetektivserie *Martin Kane*. Seine herablassende Haltung gegenüber dem Fernsehen, unter ›ernsthaften‹ Schauspielern von der Stanislawskij-Schule damals üblich, erwies sich nicht eben als hilfreich. Aber wieder einmal eilte ihm Rogers Brackett zu Hilfe, und im

Mai war er in dem *US Steel Hour*-Fernsehspiel ›Prologue To Glory‹ zu sehen. Zu Beginn des Sommers wußte Jimmy, daß er den eigentlichen Grund, weswegen er nach New York gekommen war, nicht noch länger vor sich herschieben durfte: Schauspielunterricht im Actors' Studio zu nehmen.

Allein der Gedanke an das Vorsprechen machte ihm Angst. Eines Nachmittags ging er in Jane Deacys Büro — die er inzwischen ›Mom‹ nannte — und lernte dort ein attraktives blondes Mädchen kennen, Christine White, die da an einer Schreibmaschine saß. Es dauerte nicht lange, und er wußte, daß sie an einem Stück schrieb. Sie kamen ins Gespräch, gingen in Walgreen's Drugstore, um einen Kaffee zu trinken, und unterhielten sich darüber, wie es wäre, extra eine Szene für das Vorsprechen im Actors' Studio zu schreiben. Auch Christine wollte dort studieren, beabsichtigte aber, eine Szene aus Ibsens *Baumeister Solness* vorzusprechen. Jimmy redete ihr das jedoch aus, und beide machten sich an die Arbeit, um ein kurzes Stück über zwei Fremde am Strand zu schreiben.

Mehrere Wochen lang probten Jimmy und Christine dieses Stück fast täglich und führten es in Bars oder Taxis oder im Central Park auf, wo es jeder, der wollte, hören konnte. Als sie es schließlich im Studio an der 44th Street West — nur einen Steinwurf von jenem Ort entfernt, an dem Jimmy in New York angekommen war — aufführen sollten, war Jimmy so nervös, daß er fast weggelaufen wäre. Er konnte ohne seine Brille nicht die Hauptbühne finden und fand den Scheinwerfer nicht. Aber die Szene, die sie vor Lee Strasberg *und* Elia Kazan vortrugen, muß so faszinierend gewesen sein, daß sie sie ohne Unterbrechung beenden durften. Und als sie vom Studio eine Zusage erhielten, erfuhren sie, daß sie zu den zwölf erfolgreichsten Kandidaten von insgesamt 150 gehörten.

Jimmy war erst wenige Male bei Strasberg im Unterricht gewesen, als dieser ihn wegen einer von ihm dramatisierten Szene nach einer Stelle aus dem Roman *Matador* von Barnaby Conrad heftig kritisierte. Es ging um einen in die Jahre gekommenen Matador, der sich auf seinen letzten Auftritt nach Hemingway-Art vorbereitet, und Strasberg machte Jimmy vor der ganzen Klasse nieder, woraufhin Jimmy den Tempel der Stanislawskij-Methode genauso schnell verließ wie die UCLA. »Wenn ich zulasse, daß man mich wie ein Versuchskaninchen in einem Labor auseinandernimmt«, sagte er zu Bill Bast, »werde ich vielleicht überhaupt nicht mehr spielen können.«

Nach diesem Vorfall folgte ein langer heißer Sommer voller Depressionen und Armut und mit kurzen Augenblicken unschuldigen Glücks mit Bill und Dizzy. Nachdem Jimmy Bracketts Loft verlassen hatte, fanden die drei ein winziges Apartment in einem alten Sandsteinhaus an der 89th Street West, die erste Wohnung unter etlichen, die sie in diesem Sommer teilten. Offensichtlich hatte Bill die Vergangenheit hinter sich gelassen — oder einfach nur vergessen, wie schwierig Jimmy in Santa Monica gewesen war. Das Leben war auch diesmal schwierig — endlose Vorsprechtermine (oder ›Viehtriebe‹, wie Martin Landau sie zu nennen pflegte) und ungenießbares Essen, improvisiert aus den wenigen Lebensmitteln in der Speisekammer.

Aber in der Rückschau erscheint die Not oft nostalgisch verbrämt. In einem Apartment in der Upper East Side hatten die drei noch nicht einmal Betten. Eines Nachts kehrte Jimmy von einem Besuch bei Martin Landaus Mutter in Brooklyn mit Laken und Decken zurück. Als er selbstzufrieden sein Bett herrichtete, rissen Dizzy und Bill es auseinander, und alle drei bekamen schließlich einen hysterischen Lachanfall.

Zu Jimmys Lieblingsspielen gehörte Stierkampf im Central Park — seine Erfahrung als Matador im Actors' Studio konnte ihn von seiner Besessenheit nicht heilen. Dizzy oder Bill trugen die Hörner, die er gekauft hatte, und er stand gelassen mit dem blutbefleckten Umhang von Sidney Franklin da und forderte sie auf, ihn anzugreifen. Wenn er seine Zeit nicht mit den beiden verbrachte, schlenderte er durch die Stadt und nahm in sich auf, was er ihre ›gewalttätige Fruchtbarkeit‹ nannte. Er beobachtete das wimmelnde Durcheinander auf den Straßen und freundete sich mit exzentrischen Leuten an, wie z.B. dem blinden Musiker Moondog, der in Amtsroben durch die Straßen schlenderte und mit Knochen klapperte. All dies gehörte zu Jimmys Identifikation mit den Randgruppen der Gesellschaft — den Spinnern, den Aussteigern und den Asozialen. Wenn er schon kein richtiger Intellektueller sein konnte — später gestand er einmal seinem Freund, dem Komponisten Leonard Rosenman, daß ihm sogar das Lesen Schwierigkeiten bereitete —, so konnte er sich doch als ausgeflippter Existentialist produzieren, der sich mit allen Außenseitern der Gesellschaft solidarisch fühlte.

Bill Bast erzählt, daß Jimmy nur deshalb immer andere so verzweifelt zu beeindrucken versuchte, weil er sich eigentlich für uninteressant hielt. Einmal lernte er wie verrückt zwei Seiten aus Platos Werken auswendig, auf die ihn Bill aufmerksam gemacht hatte, um später am Abend bei einem Filmproduzenten, den er beeindrucken wollte, Platos Theorien zu erörtern. Das fast einzige Buch, das er jemals zuverlässig zitieren konnte, war Saint-Exupérys *Der kleine Prinz*, dessen wichtigste Botschaft — »das Wesentliche ist für die Augen unsichtbar ... Man sieht nur mit dem Herzen gut« — eines Tages auf einem Denkmal an seinem Grab stehen sollte. So ruhelos und mit sich selbst beschäftigt Dean auch gewesen sein mag, scheint ihn doch der Glaube an die Liebe als verbindende Kraft zwischen den Menschen bewegt zu haben. Aber sind es nicht gerade die unausgeglichenen, suchtgefährdeten Menschen wie Jimmy Dean, die die wahre Sehnsucht nach Einheit und Gemeinsamkeit verspüren? Soll man darüber lachen, daß es ausgerechnet Jimmy war, der Bill Bast oft darauf hinwies, er solle sich Zeit lassen, da ihn sonst das Leben überrollen würde?

So ging der Sommer 1952 ohne große Erfolgserlebnisse für Jimmy vorüber. Mit Paul Newman und anderen hatte er einen Vorsprechtermin für die Rolle des Curly (die schließlich Gordon MacRae erhielt) in Fred Zinnemanns Verfilmung des Broadway-Klassikers *Oklahoma!* erfolglos hinter sich gebracht. Und wochenlang hatte er eine Rolle für die Fernsehserie *Life With Father* einstudiert, ohne sie zu bekommen. Dann nahm ihn eines Nachmittags aus rein gesellschaftlichen Gründen sein alter Sugardaddy Rogers Brackett zu einem Treffen mit dem Theaterproduzenten Lemuel Ayers und seiner Frau Shirley mit. Jimmy spielte eine seiner besten Rollen, nämlich die eines naiven, aber charmanten Jungen vom Land, und verschwieg sogar die Tatsache, daß er Schauspieler war — und noch dazu ein sehr ehrgeiziger. Die Ayers mochten ihn. Ja, er gefiel ihnen sogar so sehr, daß sie ihn fragten, ob er nicht für ein Wochenende als Schiffsjunge auf ihrer Yacht anheuern wolle. Nachdem er sie durch seine Hauptvorstellung bereits erobert hatte, war es für ihn kein Problem mehr, sie davon zu überzeugen, daß er auch dafür der richtige wäre.

Bill Bast glaubte, daß diese neue, überraschende Fähigkeit, sich anzupassen, ein Zeichen dafür war, daß Jimmy seit seinen Tagen in Santa Monica ein wenig reifer geworden war. Erst bei einer Fahrt zu Martha's Vineyard im September teilte Jimmy, der wußte, daß Ayers gerade sein neues Broadway-Stück *See The Jaguar* besetzte, dem altgedienten Produzenten mit, daß er Schauspieler sei. Die Freundschaft zwischen ihnen war zu jenem Zeitpunkt bereits so gefestigt, daß Ayers sich fast verpflichtet fühlte, ihm einen Vorsprechtermin zu verschaffen. Das Stück von N. Richard Nash wurde in der Vorausreklame als ›allegorischer Western ohne Pferd‹ angekündigt. Die Hauptperson war Wally Wilkins, ein Teenager, den seine Mutter die meiste Zeit seines Lebens von der Außenwelt abgeschirmt hatte. Eine Rolle, die Jimmy wie auf den Leib geschneidert war.

Während Jimmy auf die Entscheidung wartete, ob er einen Vorsprechtermin für *See The Jaguar* bekam oder nicht, weckten Dizzy und er eines Nachts im Oktober Bill auf und schlugen ihm vor, per Anhalter nach Fairmount zu fahren und dort eine Woche auf der Farm der Winslows zu verbringen. Bill, der damals gerade einen Ganztagsjob hatte, sagte, dies sei unmöglich, aber Jimmy setzte sich über dieses Nein hinweg und arrangierte es, daß jemand bei Bills Arbeitgeber anrief und ihn krank meldete. Bei Sonnenuntergang standen sie mit erhobenem Daumen am New Jersey Turnpike, und in der folgenden Nacht erreichten sie Fairmount, was hauptsächlich Clyde McCullough zu verdanken war, einem Fänger der Pittsburgh Pirates, der von seiner Heimatstadt aus nach Omaha in Nebraska zu einem Spiel fuhr und sie mitnahm. »Es war ein außergewöhnliches Erlebnis, Jimmy in seiner häuslichen Umgebung zu sehen«, sagt Dizzy, die sich lebhaft an die Zärtlichkeit erinnert, mit der er die Tiere auf der Farm behandelte. Auch wenn ›Mom‹ und Marcus nicht gerade davon begeistert waren, daß alle drei in einem Zimmer schliefen, so war ihre Gastfreundschaft auf allen anderen Gebieten überragend, und die drei Gäste nutzten die Gelegenheit, sich von Ortenses Kochkünsten verwöhnen zu lassen. Ein Höhepunkt des Aufenthalts war ein überraschender Besuch bei Adeline Nall an der Fairmount

High School, die den Dreien erlaubte, ihre Schauspielklasse zu unterrichten.

Der Besuch wurde eines Morgens durch einen Anruf von Jane Deacy aus New York jäh abgebrochen: Jimmy war offiziell zu einem Vorsprechtermin geladen worden und mußte so schnell wie möglich zurück. Eine Woche später hatte er die Rolle in *See The Jaguar*, um den 20. Oktober herum begannen die Proben. Jetzt, im Alter von 21 Jahren, war er auf dem Weg zum Broadway-Star. Während der nächsten sechs Wochen trieb er Bill und Dizzy damit zum Wahnsinn, daß er seinen Text in der Wohnung lernte. Am schlimmsten war es, als er, der praktisch völlig unmusikalisch war, mitten in der Nacht ein kleines Volkslied einzustudieren versuchte, das Alec Wilder für Wally Wilkins geschrieben hatte. Wie die meisten Kritiken nach der Uraufführung am 3. Dezember im Court Theatre schnell feststellten, war das Stück ziemlich schlecht. Es nannte sich zwar einen ›allegorischen Western‹, doch die Handlung war dermaßen mit bombastischen Symbolismen überladen, daß es unmöglich war, dem Stück den Atem von Authentizität einzuhauchen. Mildred Dunnock, eine Stanislawskij-*Method*-Schauspielerin, die mit dem *Jaguar*-Star Arthur Kennedy in *Death Of A Salesman (Tod eines Handlungsreisenden)* aufgetreten war, erinnert sich, daß Jimmy mit Sätzen zu ringen hatte, die »so unglaubwürdig waren, daß sie schon wieder komisch klangen«. »Das ließ ihn die Wände hochgehen«, meint sie, »denn er konnte Verlogenheit und Künstlichkeit regelrecht riechen.« Trotzdem: Jimmy, der barfuß und in einem Overall wie ein *Enfant Sauvage* aus dem Arbeitermilieu der Südstaaten auf der Bühne herumlief, wirkte immer noch so überzeugend, daß er die fast einzigen positiven Kritiken des Stücks erhielt. Seine Rolle trug genügend Züge seiner eigenen Person, vor allem hinsichtlich der Beziehung zu einer überängstlichen Mutter, um nach Pseudo-Stanislawskij-Art Magie abbrennen zu können.

Die Tatsache, daß *See The Jaguar* nach vier Aufführungen vom Spielplan verschwand, berührte Jimmy nicht im geringsten. Er wußte, daß er endlich auf dem Weg zu Großem war, und auch Dizzy spürte dies. »Er zweifelte nicht einen Moment daran, daß er es schaffen würde«, sagt sie, »und während ich mich noch mehr schlecht als recht durchschlug, malte er sich bereits die Zu-

Jimmy als das *Enfant Sauvage* Wally Wilkins in *See The Jaguar* von N. Richard Nash mit Constance Ford und Arthur Kennedy am Broadway im Dezember 1952

kunft in den herrlichsten Farben aus.« Als Jimmy in das Royalton Hotel zog, direkt gegenüber seinem alten Stammplatz, dem Iroquois, wußte sie, daß ihre Beziehung bald zu Ende sein würde. Am Abend der Uraufführung von *Jaguar* beobachtete sie, wie er sich im Theaterrestaurant Sardi's im Erfolg sonnte, und erkannte, daß es vorbei war. Bald darauf verließ sie New York, um eine Stelle als Tänzerin in Trinidad anzunehmen. Jimmy hatte dann bis zu seinem Tode noch eine Reihe kurzer, meist bedeutungsloser Affären. Zwar war er später einmal stark in Pier Angeli verliebt und lag in den letzten Monaten seines Lebens leidenschaftlich mit Ursula Andress im Clinch, doch zu einer tieferen, dauerhaften Beziehung mit einem Mädchen oder einem Mann kam es nicht mehr.

Die guten Kritiken für *Jaguar* machten es Jane Deacy etwas leichter, Jimmy Rollen zu besorgen. Im neuen Jahr erhielt er eine ganze Reihe Rollen in live übertragenen Fernsehspielen. Inzwischen hatte Deacy eine eigene Agentur eröffnet und versuchte, ihrem Goldjungen zum Durchbruch zu verhelfen. Dennoch war sie klug genug, um zu wissen, daß man nichts erzwingen durfte, und riet ihm sogar von Probeaufnahmen für MGM ab, deren New Yorker Büro ein Interesse an ihm bekundete. Als sie im September MGM immer noch hinhielt, bekam Paul Newman schließlich die Rolle in *The Silver Chalice,* die Jimmy vielleicht hätte spielen können. Das Jahr 1953 wurde somit zu einem Lehrjahr für Jimmy, ein Jahr, in dem er in New York eine Beziehung zur Arbeit mit der Kamera bekam und ein echter Filmschauspieler wurde, ein Jahr auch, in dem er eine Reihe von sperrigen, unausgeglichenen jungen Männern darstellte, die vermutlich alle zur Entstehung von Cal Trask *(Jenseits von Eden),* Jim Stark *(... denn sie wissen nicht, was sie tun)* und Jett Rink *(Giganten)* beitrugen. Sein Kollege, der Fernsehspieldarsteller Kurt Kaszner hatte zwar recht mit der Annahme, daß »Jimmy weit über dem live gesendeten Fernsehspielmist stand«, doch gegen das ungewohnte regelmäßige Einkommen hatte Jimmy nichts einzuwenden. (Jane Deacy schlug ihm sogleich vor, er solle ihr sein Geld anvertrauen und monatlich von einer bestimmten Summe leben.)

Nach zwei kleinen Rollen im Januar (in ›The Hound of Heaven‹) in der *Kate Smith Hour* von NBC und einer Episode in *Treasury Men In Action* (ebenfalls NBC) spielte Jimmy den Bob Ford in ›The Capture of Jesse James‹, einer Folge aus der Serie *You Are There!* Unter der Regie von Sidney Lumet, der später *Serpico, Network* und *The Verdict* realisierte, hatte Jimmy endlich Gelegenheit, mit Waffen zu spielen — was ihm, so erinnert sich Lumet, ungeheuer viel Spaß machte. Am 14. März war er in der CBS-Serie *Danger* in der Folge ›No Room‹ an der Seite von Martin Kingsley und Irene Vernon zu sehen. Leider ist keine dieser Folgen bei NBC und CBS erhalten geblieben.

Nachdem Jimmy sich in New York einen Namen gemacht hatte, fiel er in seine alten, unberechenbaren Unarten zurück. Wenn er nicht gerade mit seinem neu erworbenen Motorrad vom Typ Indian 550 durch die Stadt donnerte — oft mit irgendwelchen Mädchen, die sich in Panik an seinen Hüften festklammerten —, war er damit beschäftigt, rastlos seinen unstillbaren Hunger auf körperliche und geistige Aktivitäten zu befriedigen. Er kämpfte sich durch Bücher, mit denen er Eindruck schinden konnte, freundete sich mit allen möglichen Spinnern und Exzentrikern an oder nervte seine Mitmenschen mit bizarren Tests und psychologischen Spielchen. In dem Schauspieler Frank Corsaro fand er wieder jemanden, der ihm Wissen und Kenntnisse vermitteln konnte, und schon bald ging er Huxley, Kafka und die unvorstellbar schwere Musik von Arnold Schoenberg an. In Greenwich Village verbrachte er viel Zeit im Minetta's und im San Remo, diskutierte mit anderen Schauspielern und sah sich gelegentlich auch künstlerisch wertvolle Filme aus Europa an. (Er nahm sogar eine kleine Rolle in einer Off-Broadway-Produktion eines Stückes namens *The Scarecrow* mit Eli Wallach und Patricia Neal in den Hauptrollen an.) Als Bill Bast nach Hollywood zurückgehen mußte, um dort für NBC als Autor zu arbeiten, und sich von ihm verabschieden wollte, schenkte Jimmy ihm einen *André Maurois Reader,* in den er folgende Widmung geschrieben hatte: »In der Aura der metaphysischen Großmäuler soll dieses Buch deine Laune heben. Mögen Scharen von Harpyien deine beflügelte Reise der Vergeltung begleiten.« Eine Widmung, welche die geistige Reife eines Jungen aus der sechsten Klasse widerspiegelt.

Einige der besseren Fernsehrollen, die in den nächsten Monaten auf Jimmy zukamen, lagen ihm ganz besonders. In *Glory In The Flower,* einem dreißigminütigen Stück des Pulitzer-Preis-Ge-

winners William Inge, spielte er die Rolle des Bronco, eines Hasch rauchenden Kleinstadtkriminellen, der bereits Züge von Cal Trask und auch von Jim Stark trug. Eine Woche später spielte er in *Keep Our Honor Bright* (unter der Regie von George Roy Hill, der mit *The Sting — Der Clou —* zu Ruhm gelangte) die Rolle des College-Studenten Jim, der in der Nebenhandlung andere Studenten in eine Betrugsaffäre verwickelt, um die Aufmerksamkeit von seiner eigenen Schuld abzulenken. Beide Regisseure nutzten seine angeborene Sprunghaftigkeit, doch niemand tat dies so effektvoll wie Rod Serling in dem Fernsehstück des Kraft TV, *A Long Time Till Dawn*, in dem Jimmy eine der Hauptrollen spielte,

Links und ganz links: in *Death Is My Neighbour*, einer Folge in der CBS-Serie *Danger*. Jimmy hatte eine kurze Affäre mit der weiblichen Hauptdarstellerin Betsy Palmer, obwohl sie behauptete, daß er nicht an Sex interessiert gewesen sei

Joe Harris, einen Jungen, der gerade aus dem Gefängnis entlassen wurde und dessen Konflikt mit seinem Vater deutliche Anzeichen künftiger Filmrollen trug. »Er strahlte eine solche Spannung und Intensität aus, daß es dem Fernsehpublikum unter die Haut ging«, sagte Serling über Jimmy, und in einem Versuch, das zu schaffen, was er die »Nachkriegsmystifizierung der Jugend, das allmähliche Schwinden des Vertrauens in ... eine ganze Litanei moralischer Grundsätze« nannte, entdeckte der Autor in dem jungen Schauspieler eine perfekte Verkörperung des ›ausgeflippten‹ Jugendlichen. Einige Jahre später arbeitete er an einem Fernsehspiel nach dem Roman *The Immortal* von Walter Ross aus dem Jahre 1958, der sich auf Jimmys Leben stützte.

Bei den Dreharbeiten zu der Folge »Death Is My Neighbour« in der Serie *Danger*, in der er einen psychopathischen Hausmeister spielt und schließlich an einem Fenster erschossen wird, lernte Jimmy die Schauspielerin Betsy Palmer kennen und ließ sich auf eine kurze Affäre mit ihr ein. Sie sagte, er habe kein Interesse an Sex gehabt. Den gleichen Eindruck hatte auch Carroll Baker — mit der er später in *Giganten* zusammenarbeitete —, als sie ihn im Actors' Studio traf: »Er lebte mit einem Mädchen (Dizzy?) zusammen, aber ich hatte immer das Gefühl, daß eigentlich nichts zwischen ihnen war. Jimmy kam mir geradezu asexuell vor.« Seine längste Beziehung hatte er zu jener Zeit mit einem Mädchen namens Barbara Glenn, der er mehrere pseudointellektuelle Briefe schrieb. Gegen Ende des Jahres 1953 machte er der Schauspielerin Arlene Sachs den Hof, die im Gegensatz zu Betsy Palmer offenbar ein recht gutes sexuelles Verhältnis mit Jimmy hatte.

Gegen Ende des Jahres hatte Jimmy endlich eine Wohnung für sich alleine gefunden, ein winziges Apartment im fünften Stock eines Hauses ohne Fahrstuhl, 68th Street West Nr. 19. Es lag nur einen Steinwurf vom Central Park entfernt und hatte — wie auch noch heute — zwei bullaugenähnliche Fenster, wodurch es eher wie eine Schiffskabine als wie ein Apartment wirkte. Es war die perfekte Wohnung für einen Bohemien, ein Ort, an dem sich Jimmy immer wohl fühlte und wohin er sich eine bunte Mischung aus Schauspielern, Freundinnen, Fotografen, Tänzern und Bongo-Spielern einlud. Jimmy reichte es nicht, Schauspieler zu sein; er wollte seinen Freunden zeigen, daß er alles konnte, und brachte sich in dieser Zeit daher so viel wie möglich bei: Von Roy Schatt lernte er fotografieren, von Katharine Dunham tanzen und von dem schwarzen Schlagzeugspieler Cyril Jackson Bongo spielen. (Auf Dennis Stocks Bildern, die ihn 1954 bei Jacksons Bongo-Unterricht zeigen, sieht er aus, als wäre er gerade einem ›Beat‹-Film Roger Cormans entsprungen!)

Roy Schatt gehörte zu jenen Menschen, die Jimmys verzweifelten Gemütszustand durchschauten. Als ihn Arlene Sachs im Januar 1954 in Schatts Studio an der 33rd Street Ost mitnahm, war Schatt nicht beeindruckt. Er sah nur eine schlaffe, egozentrische, sich bewußt kühl gebende Primadonna, und er hatte schon mehr als genug ›Existentialisten‹ gesehen, die Brando nachahmten. Auch nachdem sie sich kennengelernt hatten, brachte er Jimmys Verhalten nicht mehr Toleranz entgegen. Dennoch wurde er, wie er einräumt, der erste der vielen fotografischen Chronisten, die das Entstehen von James Dean, so wie wir ihn kennen, dokumentierten. Über eines kann sich kein James-Dean-Anhänger beklagen: über einen Mangel an Bildern von ihm, und Schatt leistete hierzu einen nicht unerheblichen Beitrag. Er kam auch Jimmys Bitte nach, ihm das Fotografieren beizubringen, half ihm bei der Wahl einer gebrauchten Leica-Kamera und zeigte ihm, wie man Filme entwickelt. Jimmys dilettantische Haltung begann ihn schon bald zur Verzweiflung zu treiben — die Kamera war einfach nur ein neues Spielzeug für ihn, das schnell wieder fallengelassen wurde, wenn der Spaß vorbei war und die harte Arbeit des Entwickelns begann — aber der Junge hatte etwas an sich, das einen zur Nachsicht zwang. Eine seiner Lieblingsbeschäftigungen war es, mit Schatt und Martin Landau durch die Straßen zu streifen und die beiden aus bizarren Blickwinkeln zu fotografieren, während Schatt Aufnahmen von Jimmy machte.

Im Dezember, als Jimmy fast ein Jahr lang nicht mehr Theater gespielt hatte, bewarb er sich um eine Rolle in der Broadway-Fassung von André Gides *Der Immoralist* und bekam sie auch. Das Stück war eine Adaption von Augustus und Ruth Goetz, die von Gides Roman fasziniert waren, seit Ruth ihn für den amerikanischen Herausgeber Alfred A. Knopf gelesen hatte. Sein Thema — Homosexualität — war damals am Broadway gerade ›in‹. Es geht um einen französischen Archäologen, den Louis Jourdan spielte,

Jimmy mit der Stanislawskij-Schauspielerin Mildred Dunnock in *Padlocks*, einer weiteren Folge in der Serie *Danger*

der die Flitterwochen mit seiner Frau (Geraldine Page) in Marokko verbringt und sich von ihrem lüsternen, sich einschmeichelnden Boy (Jimmy) in die örtliche Homosexuellenszene einführen läßt. Diese Rolle verlangte Dean all den verschmitzten Charme und die sexuelle Ambivalenz ab, die ihm zur Verfügung standen, und er spielte sie brillant. Ruth Goetz erinnert sich noch, wie er im Büro des Produzenten Billy Rose im obersten Stockwerk des Ziegfeld Theatre vorsprach: »Er trug einen Cowboyhut und Cowboystiefel, eine hellgrüne Weste und Jeans — er sah aus wie ein kleiner Ire. Dann begann er vorzulesen, und instinktiv verhielt er sich absolut richtig: charmant, jedoch mit einem bösen, lüsternen Unterton.«

»Von allen jungen Schauspielern, mit denen ich je zusammengearbeitet habe, hat er mich am meisten zur Weißglut getrieben«, stellte sie bald nach Beginn der Proben am 18. Dezember fest, »er war schlampig, unpünktlich, einfach widerwärtig.« Billy Rose mochte ihn auch nicht lieber als Ruth; Jimmys Beziehung zu ihm war wie eine Probe für seine Beziehung zu George Stevens bei *Giganten.* Im Zug nach Philadelphia, wo das Stück vor der Premiere am Broadway drei Wochen lang gespielt werden sollte, sagte Rose zu Ruth, wenn sich Jimmy nicht nach ihnen richte, »dann fliegt er«.

Der Tropfen, der bei Jimmy in bezug auf *Der Immoralist* das Faß zum Überlaufen brachte, war, daß der Regisseur Herman Shumlin durch Daniel Mann ersetzt wurde. Shumlin war für ihn eine Art Vaterfigur gewesen und hatte ihm eine Menge Freiraum bei der Interpretation der Rolle des Bachir gelassen — und genau dies war einer der Gründe, weshalb Rose ihn hinauswarf. Nach Shumlins Ausscheiden war Deans einziger wirklich Verbündeter Geraldine Page, eine weitere Mutterfigur. Darüber hinaus gab Shumlins Ausstieg Rose die Möglichkeit, eine Menge von Bachirs Text zu kürzen, ohne daß der neue Regisseur auch nur einmal protestierte. Daniel Mann wiederum verlor so sehr die Geduld mit Jimmy, daß er nahe daran war, ihn durch seinen Ersatzmann Bill Gunn zu ersetzen. Nur ein Vertrag, der sich auf die gesamte Spieldauer erstreckte, rettete Jimmy vor einem unehrenhaften Abgang. »Er zeigte alle Merkmale eines Heranwachsenden, der sich für einen Mann hält«, sagt Daniel Mann, »er trug ein Messer, fuhr mit einem Motorrad durch die Gegend ... aber offenbar ohne viel Spaß daran, denn sonst wäre er wesentlich ruhiger und fröhlicher gewesen. Ich hielt ihn für einen äußerst verstörten, sehr zwanghaften jungen Mann.«

Als Jimmy auf die Bühne trat, schien sich all der Ärger dennoch gelohnt zu haben. »In der ersten Nacht in Philadelphia zeigte er, was er uns beim Vorsprechen bewiesen hatte«, sagt Ruth. »Hinter den Kulissen war er unausstehlich, auf der Bühne jedoch phantastisch.« Und so war es auch, als die Produktion schließlich an Jimmys dreiundzwanzigstem Geburtstag auf dem Broadway im Royale Theatre herauskam. Die Kritiker bejubelten, was das *World Telegram* als seine ›subtile Impertinenz und unmoralischen Opportunismus‹ bezeichnete. Der Broadway verlieh ihm später einen Tony Award und den Daniel Blum Award für das beste neue Talent des Jahres. Nur einige gehässige Insider nörgelten, daß die Rolle Jimmys eigener Persönlichkeit so ähnlich war, daß von ›Schauspielerei‹ kaum die Rede sein konnte.

Zwei Abende nach der Premiere von *Der Immoralist* in New York kündigte Jimmy an, daß er in zwei Wochen aus dem Stück aussteigen werde. Die Goetzs konnten es nicht fassen — »wir tobten und schimpften und sagten, daß das nicht richtig wäre, aber das scherte ihn nicht«. Jimmy wußte, daß seine Zeit nun endlich gekommen war. Paul Osborn, der nach John Steinbecks Roman *Jenseits von Eden* ein Film-Treatment für den Regisseur Elia Kazan geschrieben hatte, schlug Kazan nach einer der Vorstellungen des Stücks in Philadelphia vor, sich Jimmy im Hinblick auf die Rolle des Cal Trask anzusehen. Kazan tat dies, als die Truppe für die Broadway-Aufführung von *Der Immoralist* nach New York zurückgekehrt war. Er bat Dean, ihn im Büro von Warner Brothers in New York aufzusuchen. Kazan (oder ›Gadge‹, wie ihn Insider in diesem Geschäft nannten) war zwar nicht gerade begeistert bei diesem Gedanken, da er sich noch gut an den launischen Jungen erinnern konnte, den er im Actors' Studio erlebt hatte, und eigentlich entschlossen war, seinen ursprünglichen Protegé Brando zu engagieren — andererseits aber hatte er Vertrauen in Osborns Gespür. Eine Stunde nachdem Jimmy gelassen in sein Büro hereinspaziert war, wußte er, daß er seinen Cal gefunden hatte.

Jimmy in *The Bells of Cockaigne,* einem NBC-Fernsehspiel aus dem Jahre 1953, in dem er einen Schauermann darstellte, der in einem verzweifelten Versuch, die sich anhäufenden Arztrechnungen für sein krankes Kind zu bezahlen, um seinen Lohn spielt

»Als ich hereinkam, saß er hingelümmelt in einer Ecke des Ledersofas im Wartezimmer«, schrieb Kazan in seiner Autobiographie *A Life*.

> Er sah aus wie ein Bündel übereinandergeschlagener Beine und verschlissener Jeans, das mir ohne besonderen Grund vorwurfsvoll entgegenblickte. Mir gefiel sein Gesichtsausdruck nicht, also ließ ich ihn warten. Außerdem war ich neugierig, wie er reagieren würde. Es schien, als hätte ich ihn weichgekocht, denn als ich ihn hereinrief, legte er die kriegerische Pose ab. Wir versuchten, uns zu unterhalten, aber Konversation lag ihm nicht so sehr, also sahen wir uns einfach nur an. Er fragte mich, ob ich Lust hätte, auf seinem Motorrad mitzufahren; die Fahrt war für mich kein Vergnügen. Er war ein Angeber, ein Junge vom Land, der sich vom Großstadtverkehr nicht beeindrucken ließ. Als ich ins Büro zurückkam, rief ich Paul an und sagte ihm, daß dieser Junge wirklich Cal Trask *war*.

John Steinbeck sagte genau das gleiche, als Kazan Jimmy zu ihm in die 72nd Street Ost schickte. Gadge berichtete später dem Hollywood-Kolumnisten Joe Hyams, einem Freund Jimmys, daß »er eine Abneigung gegen Väter hatte, rachsüchtig war und sich einsam und verfolgt fühlte ...«. All das machte ihn zur Idealbesetzung für die Rolle, weitaus mehr als Brando oder Montgomery Clift, die diese Rolle auch gerne gehabt hätten. Was Jimmy anbelangt, so fand er das Ganze wahrscheinlich zu schön, um wahr zu sein. Da war plötzlich Elia Kazan, der Gott der Stanislawskij-Methode und ein Filmregisseur, der dem System seine eigenen Regeln aufzwang und auf dem Gipfel seines eigenen Ruhms Jimmy vorschlug, ihn mit nach Hollywood zu nehmen und zu einem Star zu machen.

»Es hieß, daß Jimmy wie Brando sei«, sagte Kazan. »Doch er hatte keinerlei Ähnlichkeit mit Brando. Er war sehr unflexibel, sehr wenig veränderbar. Er war nur ein sehr verletzter Mensch, und Mädchen und Jungen und Schwule hatten ihm gegenüber das Gefühl, ihn in die Arme nehmen und beschützen zu müssen.« Gadge war so sehr davon überzeugt, daß Jimmy sein Cal war, der von unsagbaren Ängsten geplagte Junge, der seinen Vater haßt und gleichzeitig um seine Liebe kämpft, daß er schon in New York einen Vertrag mit ihm unterzeichnete, noch bevor Jack Warner ihn überhaupt gesehen hatte. Und während Jane Deacy sich um die Einzelheiten des 18 000-Dollar-Vertrages kümmerte, verbreitete Jimmy genußvoll die Neuigkeit in der ganzen Stadt. Ortense und Marcus Winslow kamen zu Besuch, und er spielte den Gastgeber in der großen Stadt und schleppte sie von einer Attraktion zur anderen. Zweifellos war er jedoch ein wenig zu aufgeregt, denn in der Woche vor seiner Abreise nach Hollywood stürzte er schwer mit seinem Motorrad — leider nicht schwer genug, um ihn von seiner machohaften Furchtlosigkeit zu kurieren, jedoch so schwer, daß er das Motorrad abschreiben mußte und damit auch seinen Plan, anstatt zu fliegen mit dem Motorrad an die Westküste zu fahren.

Die letzte schauspielerische Darbietung des Wunderkinds vom Lande vor seiner Abreise aus New York war eine progressive Inszenierung von Sophokles' *Trachinierinnen* in einer Neuübersetzung von Ezra Pound. Unter der Regie von Howard Sackler trat er zusammen mit der Schauspielerin Julie Harris, die bald auch neben Jimmy in *Eden* spielen sollte, und Eli Wallach im Cherry Lane Theatre auf. Der Komponist der Produktion, Leonard Rosenman, einer aus der Clique um Jimmy, Martin Landau und Roy Schatt, sollte ebenfalls bei *Eden* mitarbeiten. Schatt kam zum Theater, um dort Aufnahmen zu machen.

Am 8. März 1954 fuhr Elia Kazan in einer schwarzen Limousine vor der Nummer 19 der 68th Street West vor und nahm einen ungepflegten, übernächtigten jungen Landstreicher mit, dessen Gepäck nur aus einigen braunen Papiertüten bestand. Er fuhr dieses Geschöpf zum Flughafen und nahm es mit nach Hollywood, der Hochburg der Leinwandträume. Ein Jahr später war James Dean ein großer Filmstar.

K A P I T E L   V I E R

EDEN

»IM GEGENSATZ ZU DEN MEISTEN MÄDCHEN IN HOLLYWOOD IST SIE ECHT UND UNVERFÄLSCHT«, SAGTE JAMES DEAN ÜBER PIER ANGELI — BEVOR SIE IHM DAS HERZ BRACH, ALS SIE IHRE VERLOBUNG MIT DEM SÄNGER VIC DAMONE BEKANNTGAB.

Jimmys Flug nach Los Angeles — »Er blickte die ganze Zeit zum Seitenfenster des verdammten Flugzeugs hinaus«, sagt Kazan — war sein erster Flug überhaupt, und während sich Amerika unter ihm ausbreitete, sprach der Regisseur mit ihm über Cal Trask, den neurotischen Farmjungen in Steinbecks fast schon biblischer Geschichte. Kazan und Paul Osborn hatten beschlossen, nur das letzte Sechstel des Romans für den Film zu verwenden und sich auf die Beziehung zwischen Adam Trask und seinen beiden Söhnen zu konzentrieren. Cal war für Steinbeck ein Kain der heutigen Zeit, der verbissen mit seinem Bruder Aron um die Anerkennung und die Liebe des Vaters wetteifert. Auch wenn er Aron nicht unbedingt tötet, so wie Kain Abel erschlug, rächt er sich doch, indem er seinen Bruder zu ihrer ›verlorenen‹ Mutter bringt, einer Puffmutter.

Kazan wollte, daß Jimmy zunimmt und sich von der Sonne bräunen läßt, denn ein Junge, der 1917 in Salinas, Kalifornien, im Freien arbeitete, sah seiner Meinung nach ein wenig gesünder aus als dieser unrasierte Bohemien aus New York. Deshalb verlangte er von Jimmy, daß er sich ein paar Wochen lang der Sonne in der Wüste Kaliforniens aussetzte. Als sie am Donnerstag, dem 9. März, im Morgengrauen in Los Angeles ankamen, machte sich Jimmy sofort auf den Weg zu Bill Basts Wohnung und weckte ihn zum Frühstück auf — genauso, wie Bill es mit Jimmy in New York getan hatte. Noch am gleichen Tag mieteten sie sich ein Ford Cabriolet und fuh-

Jimmy und Kazan bei der Rollenbesprechung für *Jenseits von Eden*

ren am Wochenende nach Borrego Springs hinaus, das 100 Meilen hinter Palm Springs liegt. »Ich konnte mich nicht erinnern, Jimmy je so fröhlich und ausgeglichen erlebt zu haben«, sagte Bill später, obwohl Dean immer so tat, als sei ihm der Erfolg gleichgültig. »Ich möchte nur diesen Film drehen und dann nach New York zurück«, murrte er.

Es war für Jimmy sehr wichtig, Hollywood glauben zu machen, daß sein Erfolg ihn kalt ließ. Er war entschlossen, den Unnahbaren zu spielen — einerseits, um sich für die Behandlung zu rächen, die ihm 1951 zuteil geworden war, andererseits, um sich mit einer geheimnisvollen Aura zu umgeben. Selbst mit seinen Agenten an der Westküste, Famous Artists, ging er sehr kurz angebunden um. Glücklicherweise hatte Jane Deacy ihren Vertreter Dick Clayton vorgewarnt, was auf ihn zukommen würde, und so war niemand sonderlich beleidigt. Warner Brothers hatte arrangiert, daß sich Jimmy mit Dick Davalos, der in dem Film die Rolle des Aron spielte, für 50 Dollar monatlich ein kleines Apartment über einem Drugstore in Burbank teilte. Davalos bekam die Launenhaftigkeit und Unberechenbarkeit seines Filmpartners bald am eigenen Leibe zu spüren, lernte aber genauso schnell wie Bill Bast, sie zu ignorieren. Aber die Primadonna mit dem zerzausten Haar, das neue Hollywood-Genie von Garbo-Zuschnitt, war erst zufrieden, als Gadge ihn persönlich unter seine Fittiche nahm und ihn in einer zu einem Wohnraum umgestalteten Garderobe auf dem Burbank-Studio-Gelände unterbrachte. Da Kazan gleich nebenan lebte und ständig ein wohlwollendes Auge auf seinen Protegé warf, fühlte sich Jimmy so gut aufgehoben wie jemand, der einen guten Manager hat.

Aber er war einsam und deshalb meist auch ziemlich schlecht gelaunt. Er schrieb an Barbara Glenn in New York: »Ich habe den Mädchen hier gesagt, daß sie mich am Arsch lecken können. Diese sterilen, feigen dummen Flittchen«, und er fügte hinzu, »ICH HABE NOCH MIT NIEMANDEM GESCHLAFEN und werde dies auch nicht tun, bevor der Film fertig ist und ich wieder sicher in New York City (dieser niedlichen kleinen Stadt) bin ...« Der bockige, kindische Unterton spricht Bände, ebenso wie sein erstes (wortloses) Treffen mit der furchteinflößenden Hedda Hopper, einer der beiden einflußreichsten Kolumnistinnen Hollywoods. Jimmy war

Die ›neue Garbo‹ in der Garderobe auf dem Warner-Brothers-Gelände in Burbank, die ihm gleichzeitig als Wohnung diente

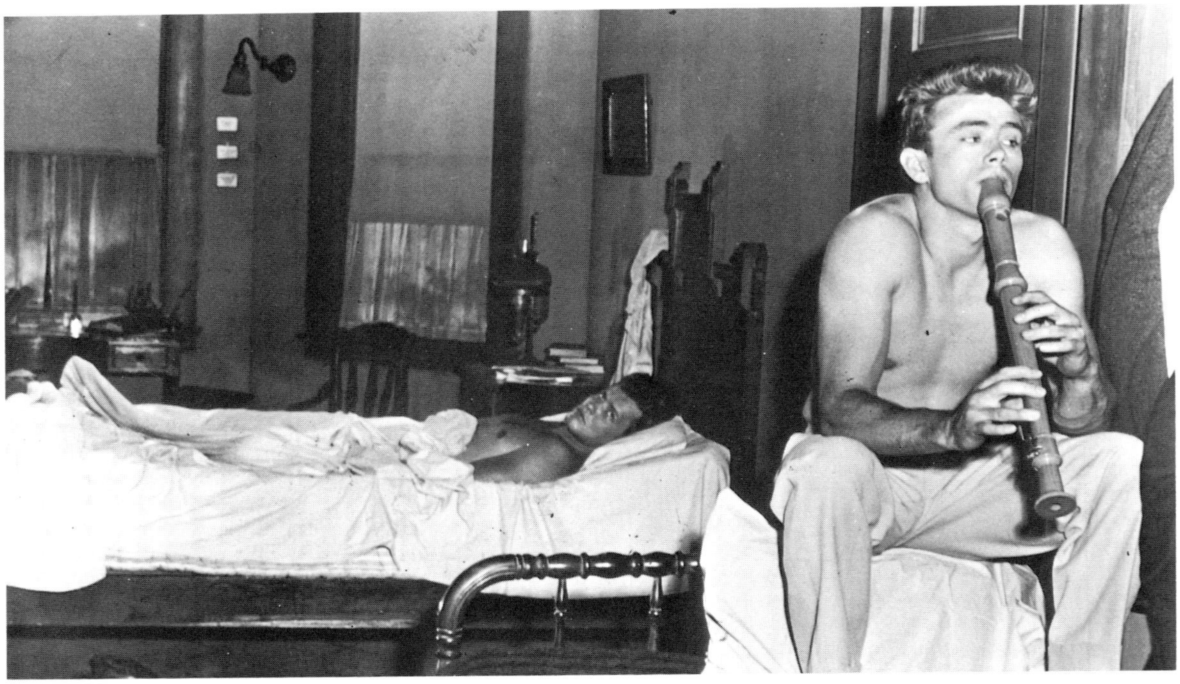

Eine etwas homoerotische Aufnahme von Jimmy (Cal) und Dick Davalos (Aron) bei der Vorbereitung für eine Szene in *Jenseits von Eden*, die später herausgeschnitten wurde

Jimmy mit den weiteren Hauptdarstellern Julie Harris und Dick Davalos bei Dreharbeiten zu *Jenseits von Eden* in Nord-Kalifornien

so darauf versessen, das übliche Spiel nicht mitzuspielen, daß er sogar bereit war, sich diesen erbarmungslosen Drachen der Klatschkolumnen zum Feind zu machen. Zuerst lümmelte er auf seinem Stuhl in der Burbank-Kantine herum, ohne ein Wort zu sagen, dann spuckte er auf das Reklame-Foto eines der großen Warner-Stars, das an der Wand hing. Wie Kazan so war auch sie nach diesem ersten Treffen mit Jimmy nicht sonderlich beeindruckt. »Glaubt man den Presseagenten«, schrieb sie in ihrem bissigen Ton, »müßte jeder schmutzige Junge, der mit heraushängendem Hemdszipfel und Blue Jeans aus Lee Strasbergs Actors' Studio herüberkommt, die tollste Entdeckung der Filmbranche sein, seit Jack Barrymoore den Don Juan spielte«. Er reizte jedoch ihre Neugier, und im Laufe der Zeit wurde sie eine von Jimmys vielen Ersatzmüttern und ein erklärter Dean-Fan. Bei ihrem nächsten Treffen erklärte ihr Jimmy, er hätte nur sehen wollen, ob irgend jemand in Hollywood den Mut habe, die Wahrheit zu schreiben.

Jimmy mit Dick Davalos und Julie Harris bei den Dreharbeiten zu *Jenseits von Eden* in Burbank

Jimmy mit der sanften und unendlich geduldigen Julie Harris bei den Dreharbeiten zu *Jenseits von Eden*

Gegenüber: Jimmy mit Timothy Carey, der in *Jenseits von Eden* den Rausschmeißer in Kate Trasks Bordell in Monterey spielte

Eine weitere Frau, zu der Jimmy eine interessante Beziehung hatte, war Julie Harris, seine nicht sonderlich hübsche, aber wunderbar sanfte und verständnisvolle Partnerin, die in *Eden* die Rolle der Abra spielte. Sie hatte sich zwei Jahre zuvor in *The Member Of The Wedding* einen Namen gemacht und sofort Elia Kazan beeindruckt, der meinte, sie habe »das mitfühlendste Mädchengesicht, das ich je gesehen habe«.

»Jimmy konnte von Glück sagen, daß er Julie Harris bekam«, sagt Kazan. »Er hätte auch auf ein Mädchen stoßen können, das wütend auf ihn wird und ihn dann in seinem Spiel beschneidet. Das war gar nicht schwer bei ihm.« Gadge behauptete sogar, daß Abras Sanftheit ihre Wurzeln in der Liebe seiner eigenen Frau zu ihm hatte, als er noch, wie Jimmy, ein unerträglicher zorniger junger Mann war.

Als Julie die erste Nacht in Hollywood war, erschien Jimmy mit dem gebrauchten, roten MG TA, den er gerade erworben hatte, und bot ihr an, mit ihr in den Bergen von Hollywood spazierenzufahren. Innerhalb weniger Minuten hatte er bereits eine Geschwindigkeit von 70 Meilen pro Stunde erreicht. »Ich wußte, daß ich nicht ›Fahr langsamer‹ sagen durfte«, sagt sie, »denn das wäre ein rotes Tuch für ihn gewesen. Er war nun einmal sprunghaft und unberechenbar und provozierte einen ständig; was mir nichts ausmachte, denn er war sehr verführerisch — er hatte etwas Süßes an sich, obwohl er so eine Art böser Junge war. Er kam mir vor wie ein Tom Sawyer ... Er manipulierte seine Mitmenschen und wußte auch, daß er es tat.«

Julie manipulierte er etwa damit, daß er bei den Dreharbeiten psychologische Spielchen mit ihr trieb und sie zum Beispiel fragte, ob sie ihre Hände ans Gesicht halte, um jünger auszusehen. Er fand so auf seine Art heraus, wie weit er bei ihr gehen konnte. Das war seine Methode, sich das Vertrauen und die Vergebung bei Frauen zu sichern, die er auch bei Natalie Wood in *... denn sie wissen nicht, was sie tun* und bei Elizabeth Taylor in *Giganten* anwandte: Von diesen drei Frauen war Julie wahrscheinlich am geduldigsten und ihm am meisten eine Stütze.

Die Dreharbeiten zu *Jenseits von Eden* begannen schließlich am 27. Mai. Zuerst wurden die Außenaufnahmen — die, die in Monterey spielten — in Mendocino an der Küste Nordkaliforniens ge-

Jimmy bei einer Kostümprobe für *Jenseits von Eden* in Brando-typischer Pose

Jimmy beim Üben im Szenenaufbau des Jahrmarktes von Salinas in Burbank

dreht. Anfang Juni wurden die Dreharbeiten vor Ort nach Salinas Valley, südlich von San Francisco, verlegt, wo Steinbeck seinen Roman eigentlich auch angesiedelt hatte. Hier drehte Kazan die Szene im Eishaus und alle Szenen, die auf dem Land um Adam Trasks Farm herum spielten.

Es war nur eine Frage von Tagen, bis Jimmys Bedürfnis, sich auf die Szenen geistig einzustimmen, seine Kollegen ernsthaft aufbrachte. Am meisten entrüstet über seine nervenaufreibenden Freiheiten und seinen Wankelmut war Raymond Massey, der auch im wirklichen Leben nicht sehr stark von der aufrechten, steifen und ehrbaren Person, die er spielte, abwich. »Einfache technische Einzelheiten, wie z.B. sich auf ein Stichwort hin zu bewegen und die richtige Position zu finden«, schrieb Massey in seiner Autobiographie *A Hundred Different Lives,* »waren unter seiner Würde.« Kazan gibt unumwunden zu, daß er diesen natürlichen Gegensatz zwischen ›Vater‹ und ›Sohn‹ ausnützte, so sehr er nur konnte. Als sie wieder zurück in Burbank waren und in dem Salinas-Set, der auf dem Warners-Gelände errichtet worden war, drehten, ermutigte er Jimmy sogar aktiv, Massey auf die Palme zu bringen. Um Massey in der berühmten Szene, in der sie die Bibel lesen, wirklich bis aufs äußerste zu reizen, sagte er Jimmy, er solle Obszönitäten murmeln, statt die Passagen zu lesen, die Adam für Cal ausgewählt hatte.

Jimmy spielt auf dem Set von *Jenseits von Eden* Regisseur

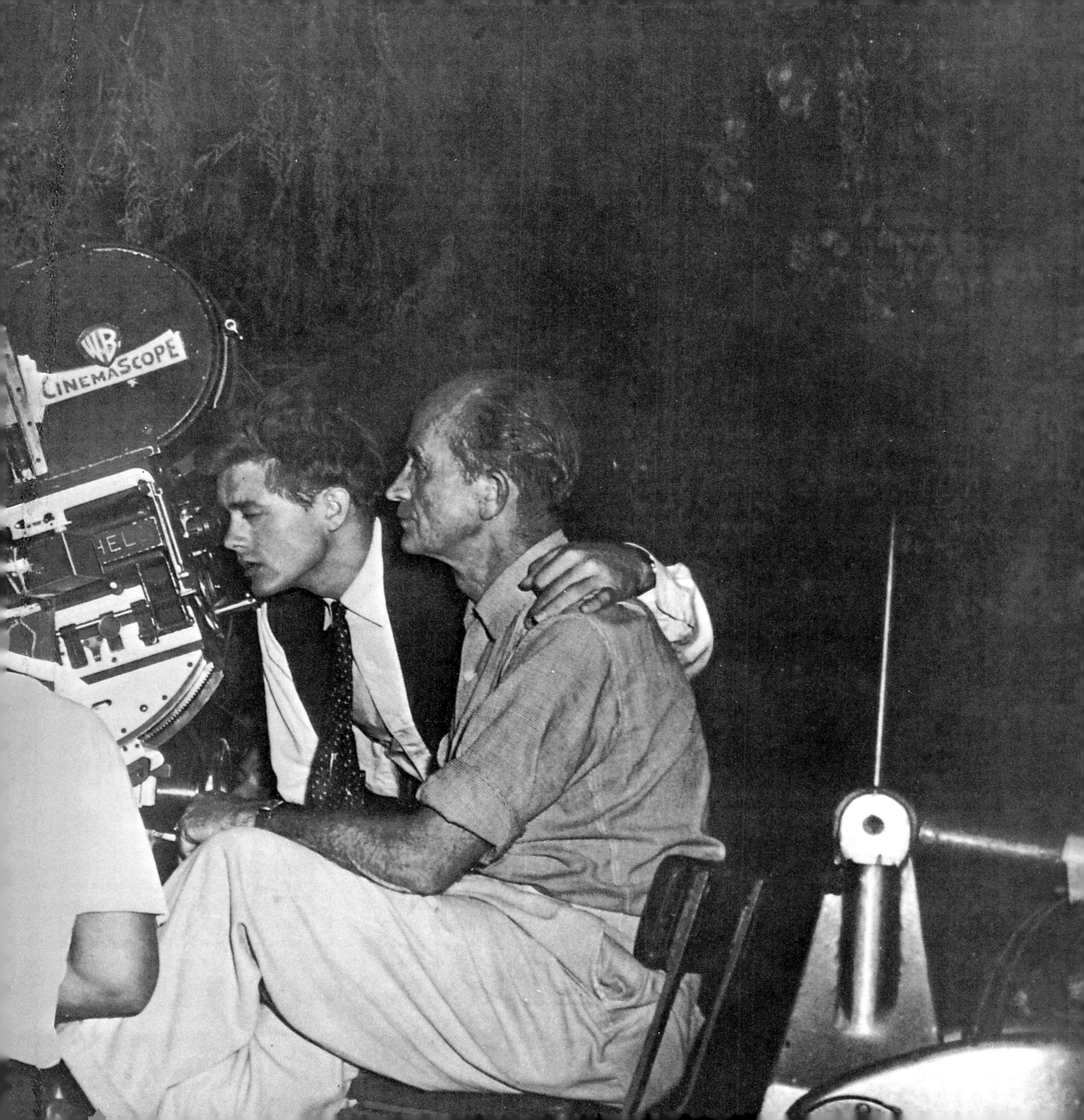
CinemaScope

Jimmy mit Elia Kazan in einer Drehpause. Kazan war für Jimmy eine Art Ersatzvater. Er brachte ihn in Burbank in der Garderobe neben seiner eigenen unter und warf immer ein schützendes Auge auf ihn

Gegenüber: Eine Kostümprobenaufnahme bei Dreharbeiten vor Ort im Tal von Salinas, Kalifornien

»Man weiß nie, was er im nächsten Augenblick tun wird«, schrie Massey. »Er soll die Zeilen so lesen, wie sie dastehen!« Als sich Jimmy in der ebenso berühmten Szene, in der Cal zurückgestoßen wird, Massey an den Hals wirft, war der ältere Mann entsetzt.

Hollywood hatte noch nie einen Schauspieler wie Jimmy erlebt. Brando hatte sich in Kazans früheren Filmen *A Streetcar Named Desire* (*Endstation Sehnsucht,* 1951), *Viva Zapata!* (1952, nach einem Drehbuch von Steinbeck) und vor allem in *On The Waterfront* (*Die Faust im Nacken,* 1954) als revolutionär erwiesen, doch Jimmy war wieder ganz anders. Sogar Kazans Team hielt den Regisseur für verrückt, als er Probeaufnahmen von Jimmy machte, und Jack Warner muß wie vor den Kopf gestoßen gewesen sein. Kazan sagt in *A Life:* »Jack war an Errol Flynn, Jimmy Cagney und Gary Cooper gewöhnt. Und plötzlich kommt dieser verrückte, zappelige Junge aus New York ...« Aber dank der Brando-Filme hatte Kazan bei Warners einen Stein im Brett und konnte fast alles machen, was er wollte. Warner gab grünes Licht. Selbst Kazan, der Jimmy den Spitznamen ›Creep‹ (Ekel) gab, waren einige von Jimmys Touren zuviel. Nachdem man ihm verboten hatte, mit seinem Triumph-T-110-Motorrad herumzufahren, weil ein Unfall womöglich die ganze Produktion gefährdet hätte, kaufte er sich ein wunderschönes Palomino-Pferd namens Cisco und brachte es auf dem Filmgelände unter. Als er zum x-ten Male während der Dreharbeiten verschwand, um das Tier zu füttern, verbannte es Kazan auf eine Farm im San Fernando Valley. Nachdem das Pferd fort war, machte Jimmy Gadge mit seiner Leica-Kamera verrückt. Dabei verehrte er Kazan die ganze Zeit, als wäre er der Vater, den er sich immer gewünscht hatte. Julie Harris weiß noch, daß Kazan ihm eine Jacke schenkte, die Jimmy Tag und Nacht trug.

Elia Kazan hatte gesagt, daß Dean Cal Trask *war*, und als der Film schließlich im Jahr darauf (1954) in die Kinos kam, schienen Jimmys Freunde der gleichen Meinung zu sein. »Jimmy spielte in diesem Film fast sich selbst«, schrieb Bill Bast, »er hatte so viel von dem jungen Mann, den ich schon so lange kannte und der mir zu einem lieben Freund geworden war; so viel von dem verlorenen, gequälten, suchenden, sanften, begeisterungsfähigen kleinen Jungen; so viel von dem verbitterten, selbstzerstörerischen, schwer zu ertragenden, selbstsüchtigen Monster.« In Indiana erkannte Adeline

COSTUME DEPT. PROD. 810
NAME JAMES DEAN
PART CAL TRASK
CHG. # 2
SC. 51-66
EXT. RAILROAD YARDS

Kostümprobenaufnahme für die Szene im Bohnenfeld im Tal von Salinas

Kostümprobenaufnahme für eine Szene im Bordell

Kostümprobenaufnahme für Szenen in Monterey, Mendocino, Kalifornien

Eine weitere Kostümprobenaufnahme für die Szene im Bohnenfeld

In einer Drehpause in Mendocino

Nall Jimmys »lustiges kleines Lachen, das bei dem geringsten Anlaß auftauchte«, die »schnellen, ruckartigen, federnden Bewegungen«, den »plötzlichen Übergang von Heiterkeit zu Schwermut« — alles, »so wie er immer war«. Vielleicht spielte er im eigentlichen Sinne des Wortes auch gar nicht; vielleicht war er die höchste Verkörperung der Stanislawskij-Theorie, der unorthodoxesten Methode, schauspielern zu lernen.

Von der ersten Szene in *Eden* an stellt Jimmy einen Menschen dar, der sich durch bockige Wankelmütigkeit und plötzliche, ruckartige Bewegungen auszeichnet. Seine von der Sonne geblendeten Augen gleichen verängstigten Schlitzen. In seinem Strickpullover und seinen Hosen sieht er eher wie ein kleiner Junge aus als jeder 23jährige Mann in der Filmgeschichte vor ihm, und den ganzen Film hindurch spielt er diesen kleinen Jungen, der bei allen Frauen im Film — sogar bei seiner ›gefallenen‹ Mutter — an die mütterlichen Instinkte appelliert. Die Männer im Film lehnen ihn aus unterschiedlichen Gründen ab — Adam seufzt, »ich verstehe diesen Jungen einfach nicht«; sein Bruder Aron nennt ihn einen ›verrückten

Cal auf der Suche nach seiner Mutter in Monterey (Außenaufnahme)

Der Vater weist seinen Sohn zurück: Jimmys Verhältnis zu Raymond Massey (Adam Trask) hinter der Kamera war ähnlich gestört

Kerl‹ — die Frauen dagegen verwirrt er und zieht sie an. »Er macht mir Angst, er sieht einen wie ein Tier an«, sagt Abra (Julie Harris), die tief in ihrem Herzen weiß, daß Cal, der ›böse Junge‹, ein faszinierenderes Exemplar der Gattung ›junger Mann‹ darstellt als ihr Geliebter Aron. Jimmy setzt seine Verführungskünste ein, während er die ganze Zeit um die Liebe und Anerkennung seines Vaters kämpft, eines Menschen, der gefühlsmäßig nicht in der Lage ist, sie ihm zu geben.

Kazan handelt diese Vater/Sohn-Beziehung mit untypischer dramaturgischer Leichtfertigkeit ab. Um uns auf die Szene vorzubereiten, in der Adam das Geld ablehnt, mit dem Cal die durch eine Kühlanlage entstandenen Verluste seines Vaters wettmachen will, erfindet er eine höchst unglaubwürdige Sinnesänderung bei Cal — dadurch entsteht eine vorübergehende Phase der Liebe und des Vertrauens zwischen ihnen, die noch kostbarer und wertvoller ist, da wir schon ahnen, daß sie bald wieder zerbricht. Authentischer jedoch ist Jimmys Aufschrei »*Sprich* mit mir«, mit dem er sowohl seinen Vater als auch seine Mutter konfrontiert, ein Satz, der die Juvenile-Hall-Szene mit Jim Stark und seinen Eltern in ... *denn sie wissen nicht, was sie tun* bereits vorwegnimmt. »Ich muß wissen, wer ich bin, ich muß wissen, wie ich bin«, fleht er seinen Vater an. Diese Worte hätten von Jimmy selbst stammen können. Am realistischsten und schockierendsten ist jedoch der Schrei, der aus seinem tiefsten Inneren zu kommen scheint, als sein Geschenk verschmäht wird.

Jimmys Rolle in *Jenseits von Eden* stimmt genau mit den Erinnerungen seiner Freunde und Kollegen an die Rolle überein, die er in ihrem Leben spielte. Er weht durch den Film wie ein kurzer, äußerst heftiger Sturm, der auch nicht für eine Sekunde nachläßt. »Ich erkannte, daß sein Körper von großem Wert war«, sagte Kazan. »Wenn er sich frei bewegte, drückte er mehr aus als Brandos Körper. Er war so spannungsgeladen.« Wie ein überaktiver Junge ist er ständig in Bewegung, schwingt an einem Seil, tanzt wie ein Fruchtbarkeitsgott um sein Bohnenfeld herum, klettert von einem Riesenrad herunter und landet schließlich wie Peter Pan in einer Rauferei, als ein Mob den deutschen Ladenbesitzer Gus angreift. Bei der hurrapatriotischen Kriegsparade durch Salinas kitzelt er ein Mädchen und sticht dann in einen Luftballon, womit er eine Gruppe von Zu-

Eine kunstvoll gestellte
Werbeaufnahme von Warners

Cal im Kampf mit Abra,
nachdem er seinen Bruder
niedergeschlagen hat

Amateur-Stunts auf dem Zug nach Monterey

schauern erschreckt. Spricht er mit anderen, sieht er unentwegt nach oben, nach unten und weg, tänzelt von einem Fuß auf den anderen, während seine Stimme in Ton und Tempo abdriftet. Im Grunde genommen kommuniziert er eigentlich nie richtig mit den anderen; wie eine Mischung zwischen einem autistischen Kind und einem jener milchgesichtigen Psychopathen, die er in den Fernsehdramen gespielt hatte, ist er ganz mit sich selbst beschäftigt und in sich selbst gefangen. Als er seine Mutter um die 5000 Dollar bittet, die er braucht, um für seinen Vater investieren zu können, ist er so mit seinen eigenen persönlichen Problemen beschäftigt, daß er nicht einmal die Ironie der Situation erkennt. »Ich bin niemandem eine Erklärung schuldig!« schreit er Abra an, und auch diese Worte hätten wieder von Jimmy selbst stammen können.

Mitte Juli waren die Schauspieler und das Team nach Burbank zurückgekehrt, um die Dreharbeiten für zwei weitere Monate fortzusetzen. Hier ließ Kazan für das Stadtbild von Salinas samt Jahrmarkt und Riesenrad einen riesigen Set aufbauen. (Für die Riesenradszene mit Jimmy und Julie lieh er im Disney Studio einen gigantischen Kran und drehte die ganze Szene ohne künstlichen Hintergrund.) Zur gleichen Zeit wurde auf dem Warners-Gelände *The Silver Chalice* gedreht, ein Film (über den jungen Griechen, der den Silberkelch für das Letzte Abendmahl herstellte), für den MGM in New York Probeaufnahmen von Jimmy machen wollte.

Die Hauptrollen in diesem Film spielten Paul Newman, einer von Jimmys ärgsten Rivalen in New York, von dem auch Probeaufnahmen für *Eden* gemacht worden waren, und eine wunderschöne, junge, italienische Schauspielerin namens Pier Angeli (Anna Marie Pierangeli). Pier war im Alter von 16 Jahren von Vittorio de Sica entdeckt und nach Hollywood gebracht worden, um 1951 in Fred Zinnemanns Film *Teresa* (dessen Drehbuch zufällig von Stewart Stern, dem Autor von ... *denn sie wissen nicht, was sie tun*, stammte) mitzuwirken. Als Jimmy sie eines Abends zusammen mit Paul Newman und dem Produzenten Joseph Wiseman traf, war er sofort von ihr hingerissen. Angezogen wie eine italienische Prinzessin und mit einem Gesicht, das an die Schönheit einer Madonna aus der florentinischen Freskenmalerei erinnert, war sie für ihn eine Vision von Anmut und Aristokratie und übertraf alles, was er bisher kennengelernt hatte.

Abra mit dem verführerischeren Bruder

Gegenüber: Cal und Abra auf dem Riesenrad in Salinas

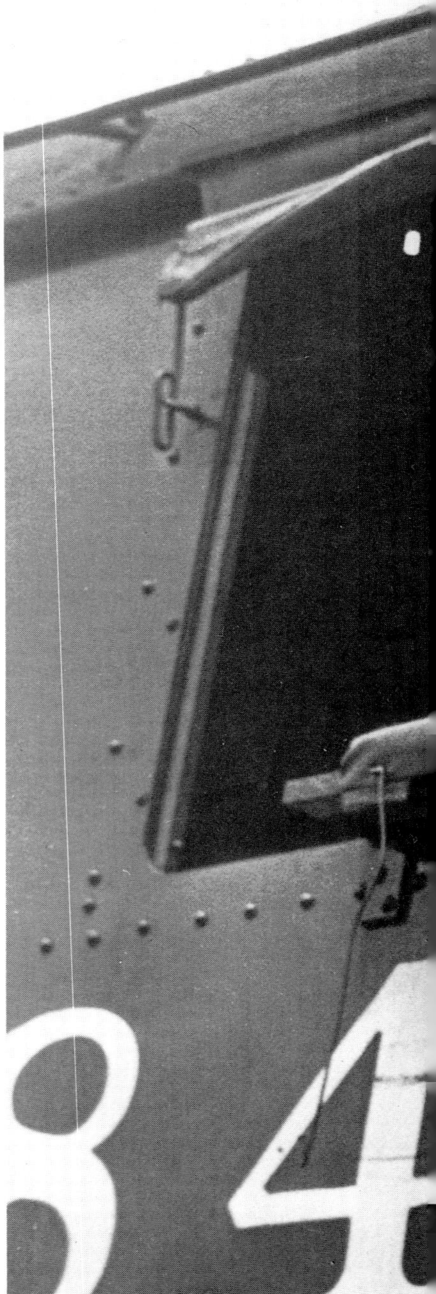

Jimmy in einer Drehpause
auf dem Zug nach Monterey

0

Cal mit seiner Mutter (Jo Van Fleet) in Monterey

Der einzige Haken war Signora Pierangeli, eine Mutter, die so besitzergreifend war und solche Adleraugen hatte wie Brook Shields Mutter. Für diese Frau — und somit auch zum Teil für Pier — war Jimmy verwahrlost und nicht katholisch und somit völlig unpassend für ihre kostbare, untadelige Tochter. Das machte Pier für Dean natürlich noch wesentlich reizvoller. »Im Gegensatz zu den meisten Mädchen in Hollywood«, sagte er zu einem Klatschreporter, »ist sie echt und unverfälscht.« Damit meinte er eigentlich, daß sie keines der billigen Hollywood-Flittchen war, mit denen Famous Artists angebliche ›Rendezvous‹ für ihn arrangierten. Sie war der erotische Traum eines jeden Narziß, eine unerreichbare Göttin.

Jimmy war so in Pier Angeli ›verliebt‹ wie in kein anderes Mädchen. Für sie zügelte er seine gefährlicheren Gewohnheiten und machte statt dessen mit ihr Spaziergänge im Mondschein an den kalifornischen Stränden. Da Pier im Alter von 15 Jahren von einem amerikanischen GI vergewaltigt worden war, war sie im Bett nicht gerade problemlos, doch gerade das gefiel Jimmy wahrscheinlich, denn er begeisterte sich mehr für Mädchen, die nicht gleich mit ihm schlafen wollten. »Wir waren wie Kinder miteinander«, sagte sie vierzehn Jahre später, obwohl man darüber streiten kann, ob irgendeines dieser ›Kinder‹ je fähig war, das andere zu lieben. Elia Kazan war nicht gerade begeistert von dieser Romanze, da er be-

Jimmy mit Pier Angeli, die ihm das Herz brach, als sie Vic Damone heiratete

Ein Bild, das Bände spricht: Jimmys Idol Marlon Brando, zwischen Elia Kazan und Julie Harris, stiehlt Jimmy die Schau ...

fürchtete, er könnte so den unglücklichen, narzißtischen Cal verlieren, den er für seinen Film brauchte. Oft konnte er nachts nicht schlafen, da er hörte, wie sie sich in der Garderobe nebenan liebten oder kleine Meinungsverschiedenheiten unter Liebenden austrugen.

Der Tag, an dem Marlon Brando, Kazans erster vergötterter Held, am Drehort auftauchte, war für Jimmy hart. Kazan erinnert sich, daß Jimmy »plötzlich wie in einer Kirche zu flüstern pflegte«, wenn er über Brando sprach, und daß er, als man ihm den Star von *Die Faust im Nacken* vorstellte, »ihn so anbetete, daß er plötzlich ganz kleinlaut war und ganz unglücklich wirkte.« Jimmy mag für die Öffentlichkeit lässig über Brando gesprochen haben — das Bild von Gadge, Brando, Julie Harris und Jimmy, auf dem Jimmy wegsieht und sich somit von dem glücklichen Trio distanziert, sagt alles — aber im Grunde verehrte er den Mann wie einen älteren Bruder. Als Jane Deacy ihm sagte, er müsse sich von Brandos Einfluß freimachen, explodierte Jimmy und schrie: »Meinen Sie, daß ich mir dessen nicht bewußt bin?« Brando war sein Prototyp, ein sexuell ungeheuer attraktiver junger Mann aus dem Mittleren Westen, der Motorrad fuhr und Bongo spielte — auch wenn sie sich, wie Kazan immer wieder sagt, nicht ähnlich waren. »Brando hatte eine exzellente Technik, wovon man bei Dean überhaupt nicht sprechen kann«, sagt er. »In *Jenseits von Eden* spielte Jimmy die Szene entweder auf Anhieb richtig, was zu 95 % der Fall war, oder er schaffte es überhaupt nicht.« (Wenn er es überhaupt nicht schaffte, wie zum Beispiel bei der Szene auf dem schrägen Dach mit Julie, so »füllte ihn« Kazan »mit Chianti ab«, ein Verfahren, dessen er sich oft bediente, um Stanislawskij zu umgehen.) Durch Brandos herablassende Haltung fühlte sich Jimmy noch erbärmlicher — er riet ihm, das waghalsige Motorradfahren einzuschränken und zum Psychiater zu gehen. (Jimmy war später zutiefst getroffen, als sein Idol einem Reporter gegenüber äußerte, daß sich der Neuankömmling nur sein altes Motorrad und die Bongos ausgeliehen hatte.)

Als Jimmy Dennis Hopper erzählte, daß er in einer Hand Marlon Brando habe, der »Leck mich am Arsch« sage, und in der anderen Montgomery Clift mit »Bitte vergib mir«, beschrieb er selbst treffender als jeder andere, was an James Dean neu war. Er vereinte in sich Brandos überbordende Arroganz und Clifts bedrückende Sen-

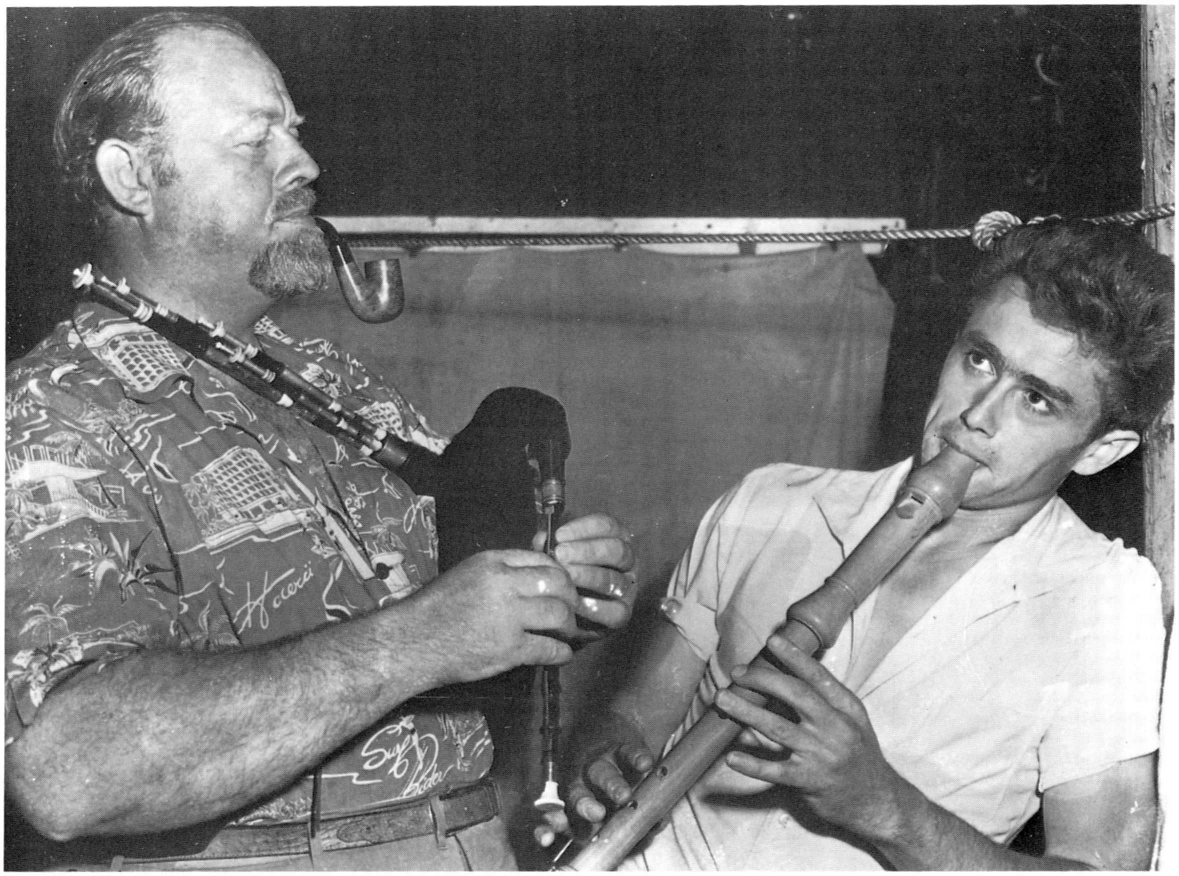

Links: Bei einer Jam Session mit Big Daddy Burl Ives

Gegenüber: Im Bohnenfeld

sibilität und schwankte fast schizophren zwischen diesen Polen. Sein Freund Martin Landau sagt, er sei der erste Star gewesen, der die vergötterten harten Männer des Films vom Thron stieß und eine neue Art der Männlichkeit definierte — der erste Schauspieler in Hollywood, der die ungestüme Sensibilität eines Kindes als Erwachsener darstellte. »Vor Jimmy«, sagt er, »sah man im Film nur Erwachsene.«

Das Ende der Dreharbeiten von *Jenseits von Eden* wurde für Jimmy zum Trauma. Julie Harris erinnert sich, wie sie ihn am letzten Abend der Dreharbeiten in Burbank in seiner Garderobe aufsuchte, um sich zu verabschieden. Als sie an die Tür kam, hörte es sich an, als ob dahinter ein kleiner Junge schluchzte, und als sie eintrat, hatte er den Kopf in die Hände gestützt, und Tränen liefen ihm über das Gesicht. »Es ist alles vorbei«, stammelte er. Er war so tief in die Welt des Films eingetaucht, daß die Vorstellung, wieder mit der wirklichen Welt fertig werden zu müssen, für ihn eine Schreckensvision war. Darsteller und Team waren für ihn so sehr zu einer Ersatzfamilie geworden, daß der Gedanke an eine endgültige Trennung ihm das Herz brach. Julie hatte noch nie einen so verwundbaren Schauspielkollegen erlebt. Wer war der wirkliche Jimmy Dean — der Junge, der in einem MG durch die Berge Hollywoods fuhr, oder dieses todunglückliche, untröstliche Wesen, das für den Rest seines Lebens ein Cal Trask aus Zelluloid sein wollte?

Nach den Dreharbeiten zu *Eden* verbrachte Jimmy im August zwei Wochen in seinem geliebten Manhattan, wo Jane Deacy ihm eine Rolle im *Philco TV Playhouse* von NBC verschafft hatte. Das Fernsehspiel, um das es ging, ›Run Like a Thief‹, war wieder ein abgedroschenes Melodram, doch wollte er sich die Chance, wieder in New York zu sein, nicht entgehen lassen. Seine alten New Yorker Freunde wissen noch, daß er unaufhörlich von Pier Angeli, oder ›Miss Pizza‹, wie er sie nannte, sprach, und sie rund um die Uhr

Jimmy umschwärmt seine grünäugige Göttin Pier Angeli. Sie gab sich gefühlsmäßig völlig unnahbar

anrief. Er hörte jedoch auf Jane Deacys nüchterne Warnung, daß er im Falle einer Heirat mit Pier nur Mr. Pier Angeli sein würde und daß dies seiner Karriere nicht sehr zuträglich wäre. Genauso intensiv wie mit Pier war er aber auch schon mit dem nächsten wichtigen Filmprojekt beschäftigt, für das er vorgesehen war — ein Film mit dem Titel *Rebel Without A Cause (... denn sie wissen nicht, was sie tun),* dessen Thema angeblich die ›Jugendkriminalität‹ war. »Ist doch scheißegal!« erwiderte Marlon Brando, als man ihn in *The Wild One (Der Wilde)* fragte, gegen was er rebelliere, und hier war die logische Weiterführung dieser Haltung mit einem unwiderstehlichen Titel, der aus einer Fallstudie von Dr. Robert M. Lindner stammte. Ironischerweise war für die Rolle des verstörten Teenagers, der Hauptperson des Buchs, ursprünglich Brando selbst vorgesehen, der Film kam jedoch nie zustande. Als Nicholas Ray, selbst ein ›Hollywood-Rebell‹, dem Warners-Manager Lew Wasserman vorschlug, einen Film über die wachsende Unruhe in der amerikanischen Jugend zu drehen, wurde der Titel des Buches wieder hervorgeholt. Produktionschef Steve Trilling bat Ray um einen Abriß der Handlung, die auf Interviews beruhte, die der Regisseur mit Richtern, Jugendlichen und Sozialarbeitern geführt hatte. Im September wurde dem Film grünes Licht erteilt.

Während Warner Brothers im Oktober mit Jane Deacy verhandelte, um Jimmys Vertrag auf neun Filme in sechs Jahren zu erweitern, brach Pier Angeli ihm das Herz, indem sie ihre Verlobung mit einem ungehobelten italienischen Sänger namens Vic Damone, einem guten Katholiken, bekanntgab. Diese Verlobung war so impulsiv und unklug wie die meisten Verlobungen im Showgeschäft, und nach fünf Jahren endete die darauffolgende Ehe in einem bitteren Chaos. Kurz bevor Pier 1971 an einer Überdosis Schlaftabletten starb, sagte sie Ende der sechziger Jahre dem *National Enquirer:* »James Deans Geist richtete meine beiden Ehen zugrunde.« Er sei der einzige Mann gewesen, den sie wirklich »so innig geliebt habe, wie eine Frau einen Mann lieben sollte«. Natürlich ist die Wahrscheinlichkeit groß, daß eine Ehe mit Jimmy genauso geendet hätte. Lenny Rosenman, ein mit Jimmy befreundeter Komponist aus New York, der auf Jimmys Empfehlung von Elia Kazan bei *Jenseits von Eden* eingesetzt wurde, erinnert sich noch, wie Jimmy in betrunkenem Zustand seinen Freundinnen gegenüber gewalttätig war, und Jimmy gestand ihm, daß er Pier einige Nächte vor ihrer Hochzeit am 24. November verprügelt hatte. Vielleicht war dies der Vorfall, auf den sich der Klatschkolumnist der *Herald Tribune,* Joe Hyams, bezog, der mit Jimmy zu Beginn der Romanze Freundschaft geschlossen hatte. Als er vor dem kleinen Apartment, das Jimmy am Sunset Plaza Drive gemietet hatte — ›ein Papierkorb mit Wänden‹, wie Jimmy es nannte —, auftauchte, sah er eine tränenüberströmte Pier abfahren; Jimmy selbst saß völlig aufgelöst in der Wohnung. Pier hatte ihm anvertraut, daß sie schwanger sei. Einige Tage nach der Hochzeit in genau jener Kirche, in der auch Jimmy und Pier heiraten wollten, fand Hyams Jimmy zusammengekauert in einer dunklen Ecke seines Apartments vor, ein Bild von Pier in den Händen. Der weinende Junge nahm nicht einmal Hyams Anwesenheit wahr.

Nachdem sein Traum von vollkommener Liebe zerbrochen war, sah Jimmy keinen Grund mehr, sich zurückzuhalten. Er begann, das Nachtleben Hollywoods entlang des Sunset Strip auszukosten und traf sich täglich um Mitternacht in Googie's Coffee Bar mit einer Gruppe von Freunden, die als ›The Night Watch‹ (Die Nachtwache) bekannt wurden. Den Mittelpunkt dieser ›Gruselbande‹, wie sie ein Klatschkolumnist später nannte, bildete ein exzentrisches Wesen namens Vampira, das Horrorfilme im Fernsehen ansagte, sich mit Übersinnlichem befaßte und Drogen nahm. Sie wurde als Maila Nurmi in Finnland geboren und war fast zehn Jahre älter als Jimmy und die anderen Schauspieler um sie herum, von denen viele homosexuell waren. »Ich hatte *The Golden Bough (Der goldene Zweig)* und de Sade gelesen«, äußerte Jimmy später ziemlich angeberisch Hedda Hopper gegenüber, »und ich wollte herausfinden, ob dieses Mädchen von einer teuflischen Macht besessen war oder nicht. Sie wußte überhaupt nichts. Ich kam zu dem Ergebnis, daß ihr Vampira-Make-up das einzig Interessante an ihr war.« Zu jener Zeit war sie jedoch eine unterhaltsame Eintagsfliege, der Mittelpunkt einer Clique, die sie auf einer fröhlichen ›Kaffeeklatschrunde‹ vom Googie's zum Schwab's und weiter zu Barney's Beanery anführte. In Jack Simmons Leichenwagen, einem Cadillac, fuhren sie durch Hollywood und sprachen über den Tod. Bill Bast, der die ›Watch‹-Clique gelegentlich traf, sah, daß sie die ›merkwürdigen Psychospielchen‹ durchzogen, die Jimmy spielte,

Eine Werbeaufnahme für die Kinozeitschriften

seit Bill ihn kannte. Als er sie dabei beobachtete, wie sie im Googie's um einen Tisch hockten und versuchten, alle um sie herum zu analysieren, war er ihren Sunset-Strip-Existentialismus bald leid.

Bevor Jimmy sich im Dezember zum Weihnachtsfest wieder auf den Weg nach Osten machte, trat er in den beiden *General-Electric-Theatre*-Fernsehspielen ›The Dark, Dark Hours‹ und ›I Am a Fool‹ auf. Im ersten stellte er wieder einmal einen ausgeflippten Psychopathen dar, der in Doktor Ronald Reagans Haus eindringt und ärztliche Versorgung für seinen verwundeten Kumpel verlangt. Viele würden sich heutzutage diebisch freuen zu sehen, wie Jimmy eine Waffe auf Reagan richtete, der später sagte, er »war verblüfft, wie sehr der James Dean im richtigen Leben dem James Dean vor der Kamera ähnelte«. »Er arbeitete sehr hart an seiner Kunst«, fügte Reagan hinzu, »und zeigte während der Proben fast die gleiche Intensität wie vor der Kamera und gab jedesmal sein Bestes, wenn er seinen Text vortrug.« In ›I Am a Fool‹ arbeitete er zum ersten Mal mit Natalie Wood zusammen; zu jener Zeit stand jedoch noch nicht fest, ob man sie für die Rolle der Judy in ... *denn sie wissen nicht, was sie tun* engagieren würde. Sie war erst sechzehn, aber schon ein ›erfahrener‹ Kinderstar. Man hatte sie vor seiner Überspanntheit gewarnt, doch sie machte sich sofort bei ihm beliebt, als sie sagte, es sei besser, ein Kinderstar zu sein, als sich wie ein Baby aufzuführen.

Das Stück, entstanden nach einer Kurzgeschichte von Sherwood Anderson, handelte von einem alten Mann (Eddi Albert), der sich daran zurückerinnert, wie er die Liebe seines Lebens durch seine krankhaften Lügen verlor. Jimmy spielte in der Rückblende Albert als jungen Mann und Natalie das Mädchen, das er dadurch verliert, daß er vorgibt, jemand zu sein, der er nicht ist.

Nachdem er bei den Winslows weiße Weihnachten verbracht hatte, war Jimmy gerade wieder in New York, als Warner Brothers am 4. Januar 1955 ankündigte, daß er die Rolle des Jim Stark in ... *denn sie wissen nicht, was sie tun* übernehmen würde. Abgesehen davon, daß er dann wie üblich mit seinen Freunden Martin Landau, Bob Heller, Barbara Glenn, Billy Gunn und Roy Schatt durch die Stadt zog, trat er zusammen mit Mary Astor im Fernsehspiel der *US Steel Hour* mit dem Titel ›The Thief‹ auf, wo er den jüngeren Sohn einer reichen Familie spielte, den man des Diebstahls verdächtigte. Mary Astor mochte ihn, aber sowohl sie als auch Paul Lukas konnten nicht verstehen, was er sagte — eine alte Beschwerde erfahrener Schauspieler, die nicht an die murmelnde Sprechweise junger Stanislawskij-Schüler gewöhnt waren. Roy Schatt kam zum Set und fotografierte Jimmy, wie er bei den Proben den Clown spielt — bei einer dieser Proben schob sich Jimmy seine Brille auf die rechte Gesichtshälfte und rief: »Hey, Roy! Ich bin ein Picasso!« (Diese Anspielung bezog sich auf den Tag, an dem Jimmy Schatt gebeten hatte, ihm Picassos simultane Perspektive zu erklären.) Zu dieser Zeit machte Schatt auch die bekannten Porträtaufnahmen von Jimmy, die als »Torn Sweater«-Serie (Serie mit zerrissenem Pullover) bekannt wurden — 16 Aufnahmen, die unseren Helden in seiner besten Pose als unrasierten Michelangelo-David aus dem Künstlermilieu zeigen.

JAMES DEAN
IN THE ROLE
THAT ZOOMED HIM
TO STARDOM!
ELIA KAZAN'S PRODUCTION OF JOHN STEINBECK'S
"EAST OF EDEN"
The most shocking revenge a girl ever let one brother take on another!
This is James Dean hailed as "the most dynamic star discovery of the year" by LOOK magazine!
WARNER BROS. CINEMASCOPE AND WARNERCOLOR
JULIE HARRIS · JAMES DEAN · RAYMOND MASSEY
BURL IVES · RICHARD DAVALOS · JO VAN FLEET · LOIS SMITH
PAUL OSBORN ELIA KAZAN
Print by TECHNICOLOR

Jimmy mit Dennis Stock beim Valentinstanz der Fairmount High School (1955). Stock trug mehr als jeder andere Fotograf dazu bei, Jimmy zum Mythos eines rätselhaften, nonkonformistischen Genies zu erheben

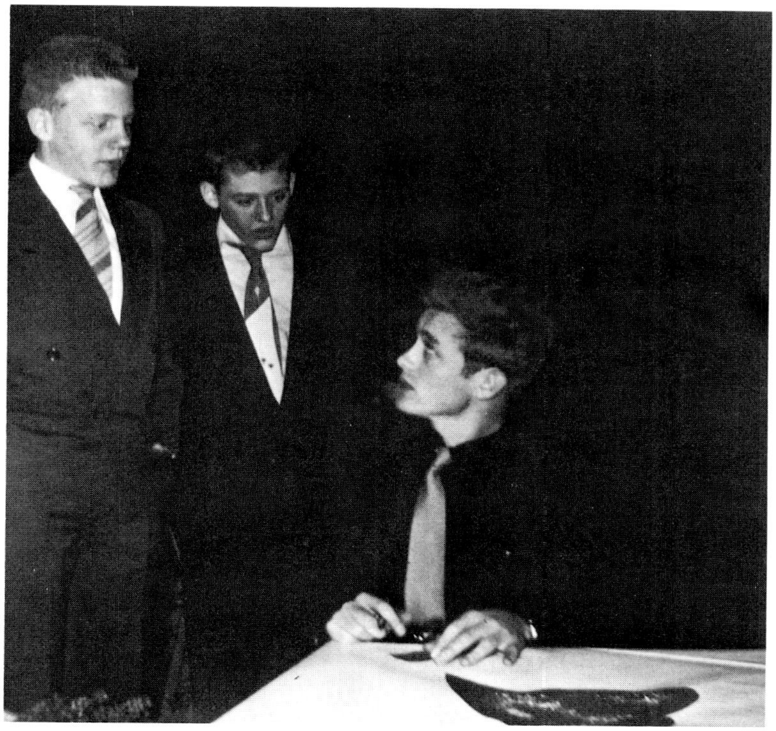

Der Held der Stadt gibt Autogramme beim Valentinstanz

Jimmy wollte unbedingt in dem angesehenen Magazin *Life* erscheinen, und hoffte, daß ihm dies mit diesen Aufnahmen gelingen würde. Er mußte allerdings noch einen Monat warten, bis *Life* sich interessiert zeigte, dem ›launischen neuen Star‹ eine ganze Bildreportage zu widmen. Der Fotograf, der den Auftrag dazu erhielt, war Dennis Stock, den er schon auf einer zwanglosen Sonntagsparty von Nick Ray in seinem Bungalow Chateau Marmont kennengelernt hatte und der zusammen mit Bill Bast und einem neuen Hollywood-Kumpel namens Lew Bracker einer der Auserwählten war, die Jimmy zur ›Preview‹ von *Jenseits von Eden* einlud.

Für Stock — und natürlich auch Bill — war Jimmys Leistung in dem Film eine Offenbarung. »Kein Zweifel, mit der ersten öffentlichen Aufführung von *Jenseits von Eden* war ein neuer Star geboren«, schrieb er später, »denn das ganze Publikum applaudierte lautstark, als nach dem Film die Lichter angingen. Es dauerte einige Augenblicke, bis ich das Bild des Cal mit dem wenig beeindruckenden, zurückhaltenden jungen Mann in Verbindung bringen konnte, den ich am Sonntag zuvor kennengelernt hatte. Ich wußte nur, daß ich eine Reportage über James Dean machen mußte.« Die beiden trafen sich am nächsten Morgen bei Googie's zum Frühstück und besprachen ihre Ideen für die Geschichte, deren Ziel es war, »die Welt zu zeigen, in der James Byron Dean aufgewachsen war und die seinen einmaligen Charakter geprägt hat«. Diese ›Geschichte‹, die schließlich am 7. März in *Life* erschien, war ein krönender Augenblick in Jimmys Bestreben, sich selbst zu einem Mythos zu stilisieren. Die beiden verbrachten zwei Wochen in Fairmount, reisten dann nach New York weiter und kehrten schließlich nach Hollywood zurück. Stock stellte Jimmys Leben so gewissenhaft dar wie kein anderer. »Inzwischen«, bemerkte Stock, »wuchs das Interesse an dem neuen Star, da in der Presse immer häufiger über *Jenseits von Eden* berichtet wurde. Jimmys wachsende Beliebtheit spiegelte sich dann auch in seinen Forderungen wider, die er bei der *Life*-Reportage durchsetzen wollte. Einmal bestand er darauf, daß er auf dem Titelblatt erscheinen und einer seiner

Bei den Dreharbeiten zu *Jenseits von Eden* in Burbank

Auf dem Warner-Gelände in Burbank

Eine gequälte Probeaufnahme
zu *Jenseits von Eden*

Freunde den Text verfassen solle. »Eine unübliche und höchst egozentrische Geste.« Stock leitete diese Forderungen nie weiter, denn er wußte, daß die Herausgeber des Magazins sonst vielleicht die ganze Story gekippt hätten.

Obwohl die Fotos hervorragend sind, gelang es ihnen doch nicht, die raffiniert geplante Absicht, die hinter ihnen stand, zu verbergen. Viele der Aufnahmen — Jimmy spielt auf einem Feld mit Schweinen und Kühen seine Bongos, Jimmy liest am Frühstückstisch den alten Dichter James Whitcomb Riley aus Indiana, Jimmy läuft am Times Square durch den Regen oder Jimmy im Actors' Studio — wurden zu einem wesentlichen Bestandteil seiner Ikonographie — und genau das hatte man mit ihnen auch bezweckt. Als Sammelbegriff für diese Bilder eignete sich ein Titel wie ›Die vielen Gesichter des James Dean und die Unmöglichkeit, ihn irgendwie einzuordnen‹. Hier war er, der moderne Renaissance-Punk in Warholscher Selbstdarstellungs-Pose, um zu demonstrieren, daß er mehr war als *einfach nur ein neuer Schauspieler.* Von einem Farmhaus in Fairmount zum Tanzunterricht in Manhattan mit Eartha Kitt, das ist die wahre amerikanische Odyssee. Wenn er mit Marcus Winslows preisgekrönter Sau im Schweinestall steht oder neben dem Grabstein seines Großonkels Cal, ist er ein ebenso starker und archetypischer amerikanischer Held wie die Romanfiguren des zwanzigsten Jahrhunderts. Die ›ergreifendste‹ Aufnahme davon ist die, auf der Jimmy vor dem Farmhaus in die eine Richtung blickt, während sein Hund Tuck in die andere starrt, eine Aufnahme, die Stock als Jimmys Interpretation des Buches *You Can't Go Home Again (Es führt kein Weg zurück)* von Thomas Wolfe betrachtete.

Abgesehen von der Bildreportage für *Life* gab Jimmy auch noch Interviews — eines davon, das mit Howard Thompson von der *New York Times*, wurde auch von Dennis Stock fotografiert. George Stevens, der Regisseur von *Giganten*, bemerkte später, Jimmy sei der einzige Mensch, der ein überfülltes Zimmer betreten und instinktiv die vier darin versammelten Journalisten ausmachen könne. Ganz sicher bereitete ihm der Umgang mit der Presse keinerlei Schwierigkeiten, und er setzte alle Tricks ein, die er auf Lager hatte, wie z. B. sensibles Philosophieren (wenn schon nicht nach Plato, dann nach *Der kleine Prinz*), gesellschaftskritisches Draufgängertum und offensichtliche Aufrichtigkeit. »Ich bin ein ernsthafter und intensiver kleiner Teufel«, seufzte er gegenüber der *Los Angeles Times.* »Fürchterlich tölpelhaft und so spannungsgeladen, daß ich nicht verstehe, wie man es im gleichen Zimmer mit mir aushalten kann. Ich weiß, daß ich mich selbst nicht ertragen könnte.« Seine größte Verbündete bei der Presse wurde niemand anderer als Hedda Hopper, die er witzigerweise ›meine Freundin bei Hofe‹ nannte. Nachdem sie *Jenseits von Eden* gesehen hatte, war sie vollkommen von ihm überzeugt. Als Joe Hyams von der *Herald Tribune* ihn beschuldigte, Hedda gegenüber falsch zu sein, antwortete ihm Jimmy, das sei eine »Tarnfarbe«. »Wenn ich mich an mich selbst anpasse, verletze ich mich doch nur selbst. Statt dessen bin ich also ein netter, höflicher, guterzogener und respektvoller Junge …«

Elia Kazan hatte beobachtet, wie Jimmy bei den Dreharbeiten zu *Jenseits von Eden* mit der Zeit ein Opfer der Krankheit ›Ruhm‹ wurde. »Immer wenn Jimmy zu einem Garderobier unfreundlich war«, schrieb er väterlich in *A Life,* »habe ich dem schnell einen Riegel vorgeschoben.« Natürlich nahm Jimmy in Wirklichkeit nur die Allüren eines Ruhmes an, den er selbst immer angestrebt hatte. Wenn der Ruhm eine der großen Krankheiten des zwanzigsten Jahrhunderts ist, so bekommt man sie nicht ohne eigenes Zutun. Selbst wenn man seine Phantasie noch so bemüht, James Dean war alles andere als ein von Hollywood verdorbener unschuldiger Farmjunge. Starruhm war ihm in die Wiege gelegt und seine Lebensaufgabe.

In New York zog Jimmy zusammen mit Stock durch die Stadt und sonnte sich bereits im voraus in seinem Ruhm als Star von *Jenseits von Eden.* Sobald Stock ihn in so vielen ausgefallenen Situationen wie nur möglich fotografiert hatte, verließ er den Fotografen und zog los, um seine guten Nachrichten unter der Truppe der Schauspieler zu verbreiten, denen das Glück noch nicht so hold gewesen war. Er verkündete, daß er einen Stierkampffilm und einen biographischen Film über Woody Guthrie machen wolle, kaufte sich eine Rolex-Kamera und sprach mit Roy Schatt darüber, im Studio und im Garten an der 33rd Street Ost zu drehen. Eines Abends aß die Gruppe in Schatts Küche, als Jimmy einen Stuhl nahm und ihn mitten auf die Straße trug, sich dann hinsetzte und eine Zigarette rauchte, als befände er sich — so Schatts Erinnerung

Der Drugstore-Matador beim Spielen: Der Stierkampf mit all seinem Pomp und seiner Herausforderung an den Tod war eine von Jimmys vielen Leidenschaften

Den Augenringen nach zu urteilen, handelt es sich hier um eine zu später Stunde entstandene Werbeaufnahme auf dem Set von *Jenseits von Eden*

Wie zahllose andere junge Schauspieler seiner Zeit benutzte Jimmy Zigaretten nicht nur als Droge, sondern auch als Requisit

Gegenüber: Die seltsame, immerwährende Dreiecksbeziehung aus *Jenseits von Eden*

Ein Schnappschuß des Gastes beim Valentinstanz an der Fairmount High School

Ein Lächeln für die Fans aus der Heimatstadt

— in einem Herrenclub. Als Schatt und Martin Landau hinauseilten, um festzustellen, was all das Hupen und Schreien zu bedeuten hatte, behauptete Jimmy, er habe lediglich für ein wenig Stimmung sorgen wollen. Spät nachts hing er in Jerry's Bar an der 54th Street West herum, nahm Leute mit in sein kleines Apartment an der 68th Street und spielte auf seinen Bongos, zu Voodoo-Beat-Platten von Les Baxter. »Ich spiele auf diesen verdammten Bongos, und die Welt kann sich zum Teufel scheren«, sagte er und machte ein konzentriertes Gesicht. Der Schauspieler Tye Morrow erinnert sich, daß sich in jenen Wochen eine ganze Reihe Frauen in seinem Bett wiederfanden, obwohl Jimmy häufig nichts von ihnen wollte.

Zweimal traf er sich in New York, »den guten alten Zeiten« zuliebe, mit ehemaligen Geliebten. Mit Dizzy Sheridan verbrachte er einen verkrampften Abend auf einer Party, verabschiedete sich von ihr an der Grand Central Station mit einem Kuß und sah sie nie wieder. In einem Akt gefühlloser Undankbarkeit weigerte er sich, Rogers Brackett Geld zu leihen, dem es schlecht ging, nachdem er seine Stellung verloren hatte. Jimmy sagte seinem alten Gönner, daß er ihm und der Alec-Wilder-Szene ›über den Kopf gewachsen‹ sei.

Am 8. März kehrte er nach Hollywood zurück, einen Tag vor einer ›Preview‹ von *Jenseits von Eden* für berühmte Persönlichkeiten im New Yorker Astor Theatre: Ein Fall von ›Es ist meine Party, und ich boykottiere sie, wenn ich will‹. Seine Abwesenheit bei dieser Benefizveranstaltung zugunsten des Actors' Studio, wo es von Stars nur so wimmelte, wo man 150 Dollar für eine Eintrittskarte bezahlen mußte und Stanislawskij-Prinzessinnen wie Marilyn Monroe und Eva Marie Saint als Platzanweiserinnen tätig waren, sorgte für viel Wirbel. Aber Jimmy kam dieser Abend wie ein wahr gewordener Traum vor, dessen plötzliche Erfüllung ihn erschreckte. Besser ihn sabotieren wie ein schmollendes Kind und die Leute glauben machen, das alles ließe ihn kalt. Die Kritiken zum Film schwankten zwischen Ekstase und Entsetzen; jedenfalls konnte keiner so tun, als ließe ihn Jimmys Cal Trask gleichgültig. Wenn auch Bosley Crowther in der *New York Times* seine Leistung als eine ›Masse theatralischen Lebkuchenteigs‹ und als sklavische Nachahmung Brandos bezeichnete, so erkannten doch die meisten Kritiken — darunter eine wichtige im *Time*-Magazin vom 21. März —, daß sich mit Jimmy etwas vollkommen Neues manifestiert hatte. In Hollywood, wo Hedda Hopper am 27. März über den Film schwärmte, erlebte Elia Kazan eine noch weitaus vielsagendere Reaktion — als die Teenager bei einer Hollywood-Preview nach Jimmy zu rufen begannen. Seit Sinatras Glanzzeit hatte er keine solche Hysterie mehr erlebt, und Jahre später gab er zu, daß ›Jimmys Erfolg‹ für ihn ›völlig überraschend‹ kam. Gegen Ende des Monats, als die Dreharbeiten zu *... denn sie wissen nicht, was sie tun* begannen, war *Jenseits von Eden* der Kassen-Hit Nummer 1 im ganzen Land.

»EX-FARMJUNGE MACHT JETZT IM FILMGESCHÄFT GELD WIE HEU« war in den *Fairmount News* zu lesen.

Der Sheriff Sam Cooper (Burl Ives) überbringt Adam (Raymond Massey) die schlechte Nachricht über den gekühlten Kopfsalat

Cal mit der Bediensteten Ann (Lois Smith) im Bordell seiner Mutter

Cal wird aus dem Büro seiner Mutter hinausgezerrt: »Ich will doch nur mit dir reden!«

KAPITEL FÜNF

... DENN SIE WISSEN NICHT, WAS SIE TUN

»UND DENNOCH VERBARG SICH HINTER ALL DER GEWALT
UND QUAL, DIE JIMMY AUF DER LEINWAND ZEIGTE,
EIN VERRÜCKTER OPTIMISMUS, DAS GEFÜHL, DASS ER ES
SCHAFFEN UND DER GUTE JUNGE WÜRDE, DER ER SEIN WOLLTE.«
STEWART STERN, DREHBUCHAUTOR
VON ... *DENN SIE WISSEN NICHT, WAS SIE TUN*

Jimmy mit dem Hollywood-Rebellen Nick Ray bei den Dreharbeiten zu *... denn sie wissen nicht, was sie tun*

Szenenbesprechung mit Nick Ray und Natalie Wood

Nicholas Ray war im Gegensatz zu Elia Kazan, dem er bei *A Tree Grows In Brooklyn (Ein Baum wächst in Brooklyn,* 1944) assistierte, ein Neuling bei Warner Brothers. Seine damals noch kurze Laufbahn umfaßte so wundervolle Filme wie *In A Lonely Place (Ein einsamer Ort,* 1950), *Johnny Guitar* (1954) und sein Erstlingswerk *They Live By Night (Sie leben nachts,* 1949), in dem Farley Granger und Cathy O'Donnell ein zum Untergang verurteiltes Liebespaar spielen, fast so etwas wie Urtypen von Jimmy und Natalie Wood in *... denn sie wissen nicht, was sie tun.* Jimmy, der normalerweise immer mißtrauisch war und sich nach einer Vaterfigur wie Kazan sehnte, erwärmte sich für die bewußt unautokratische Arbeitsweise des Regisseurs, der die jungen Schauspieler zu so viel Einsatz und Mitsprache wie nur möglich ermunterte. Ray stammte ebenfalls aus dem Mittleren Westen, genauer gesagt, aus Wisconsin.

Der Drehbuchautor Leon Uris hatte aus Nick Rays Geschichte *The Blind Run*, die *... denn sie wissen nicht, was sie tun* zugrunde lag, ›die Geschichte einer ganzen Gemeinde‹ gemacht. Diesen für Uris typischen plakativen Ansatz empfand Ray als höchst unangebracht. Uris wurde durch den ehemaligen Lehrer Irving Shulman abgelöst, der drei Monate lang an einer Drehbuchfassung arbeitete, in der die Hauptgeschichte und die wichtigsten Charaktere skizziert waren, doch auch seine Arbeit gefiel Ray nicht. In seiner Verzweiflung traf sich der Regisseur mit Stewart Stern, einem Freund von Lenny Rosenman aus New York, und gab ihm die Chance, die endgültige Fassung auf der Grundlage von Shulmans Bearbeitung zu schreiben. Im Vorspann las sich das dann so: Story: Ray; Bearbeitung: Shulman; Drehbuch: Stern.

Jimmy lernte Stewart Stern im Haus von dessen Onkel, Arthur Loew Jr., dem Enkel des MGM-Gründers Marcus Loew, am Miller Drive kennen. Jimmy beschloß, ihn psychisch fertigzumachen, setzte sich in einen Drehstuhl und drehte sich unentwegt, ohne ihn irgendwie zu beachten. Nach einigen Minuten ahmte er ohrenbetäubend laut das Muhen einer Kuh nach, was er in den vielen Jahren auf der Farm bis zur Perfektion geübt hatte. Zu seinem großen Erstaunen antwortete Stern mit einem fast ebenso echt klingenden ›Muh‹, und nach kurzer Zeit hatten sie das gesamte Repertoire von Old MacDonald's Farm erschöpft. Auf solchen

Jimmy hoch über Hollywood mit Jim Backus, der Jim Starks Vater in *... denn sie wissen nicht, was sie tun* spielte

Umwegen konnte man Jimmys Vertrauen gewinnen. In der Planetarium-Szene von *... denn sie wissen nicht, was sie tun* setzte er dieses ›Muh‹ dann natürlich ein, um Buzz und dessen Kumpel zu verhöhnen.

Auf der Grundlage von Sterns Drehbuch machte Jimmy aus der Rolle des Jim Stark eine fesselnde Studie angsterfüllter Improvisation. Jim Backus, der Schauspieler und Sprecher des ›Mr. Magoo‹, der im Film Jims hoffnungslos verweichlichten Vater spielt, berichtete, Jimmy habe wesentlich an der Regie von *... denn sie wissen nicht, was sie tun* mitgewirkt, und selbst Elia Kazan war überrascht von der spielerischen Spontaneität seines Schützlings. Von den drei großen Filmrollen James Deans ist die des Jim Stark wahrscheinlich die komplexeste und ambivalenteste, allerdings hat sie gerade deswegen auch am wenigsten Überzeugungskraft. Jeder, der *... denn sie wissen nicht, was sie tun* nicht gesehen hat, könnte meinen, daß sein Held einfach nur ein Prototyp der aufsässigen Pop-Jugendlichen war — so stark wirkte das Klischee von dem Jungen mit der roten Jacke und den Blue Jeans. In Wirklichkeit ist Starks Persönlichkeit genauso gespalten und unberechenbar, wie Jimmy es war. Er schwankt unaufhörlich zwischen

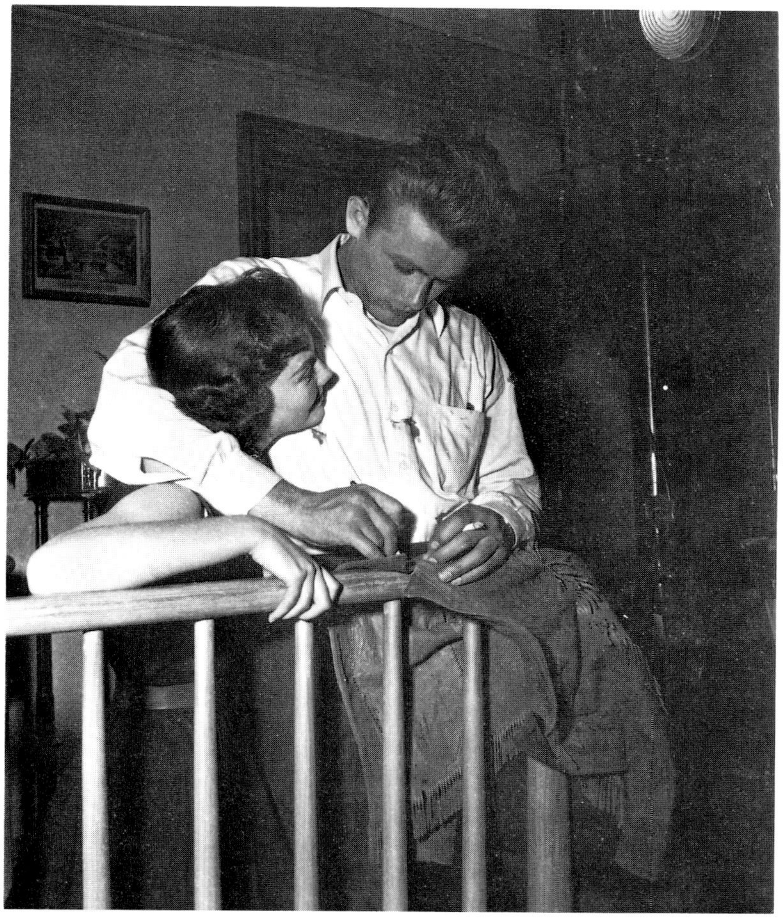

Jimmy während der Dreharbeiten zu *... denn sie wissen nicht, was sie tun* beim Signieren der wildledernen Autogrammjacke von Natalie Wood

Ähnlich wie Julie Harris in *Jenseits von Eden* war auch Natalie Wood eine Art Schwester für Jimmy, verhielt sich ihm gegenüber jedoch schwärmerischer als Julie. Wie viele andere Mitwirkende in diesem Film fand auch sie einen vorzeitigen Tod

Oben: Die halbseitige Original-Anzeige für den Film

Unten: In den siebziger Jahren wurde Jimmy zu einem klischeehaften Rock'n'Roll-Heiligen der fünfziger Jahre. Dieses englische Poster aus dem Jahre 1976 sagt alles

Gegenüber: Jim Stark mit den Bandenmitgliedern Goon (Dennis Hopper), Crunch (Frank Mazzola) und Chick (Jack Grinnage) auf der Polizeiwache

Unten: Werbeaufnahme zu *... denn sie wissen nicht, was sie tun*

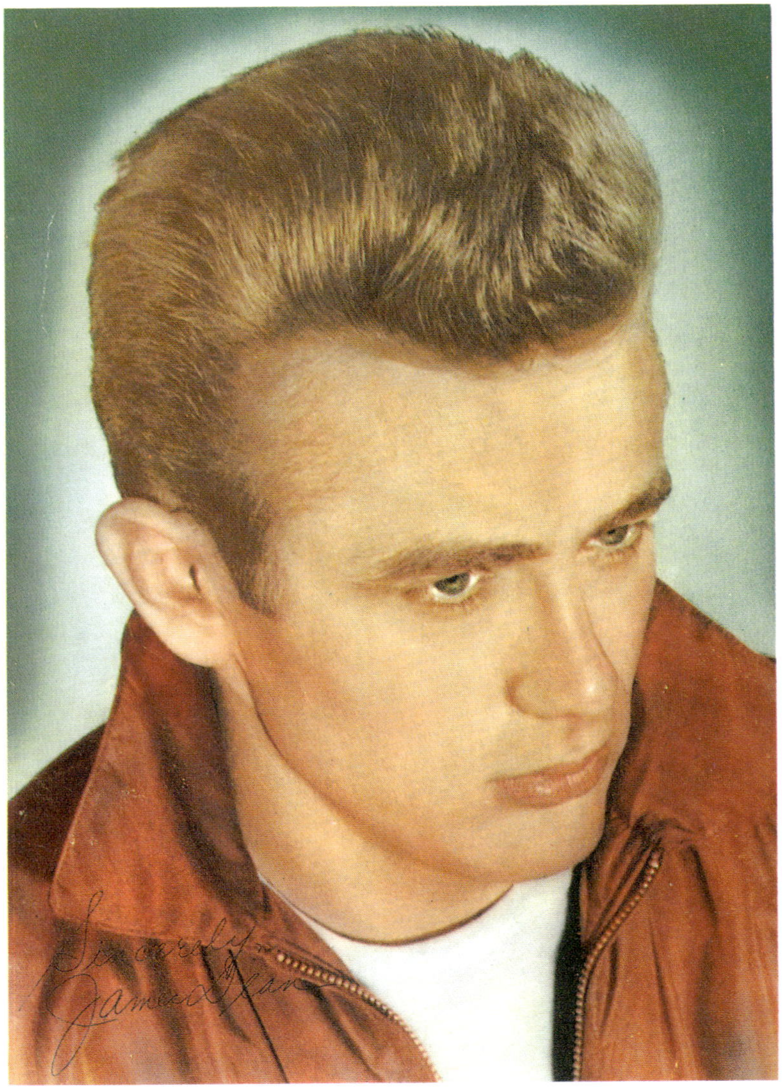

POLICE STATION
DIVISIO 6
JUVENILE ION

Jimmys Mitwirkung in *... denn sie wissen nicht, was sie tun* war so groß, daß Jim Backus ihn als ›zweiten Regisseur‹ bezeichnete

Infantilismus und Erwachsensein, Männlichkeit und Weichlichkeit, coolem Verhalten auf der Straße und kleinbürgerlicher Verlegenheit. Wie der Schriftsteller Dennis Cooper über ihn schrieb: »Wenn er ging oder sprach, zeigte sich in der Fülle seiner Gesten, seinem Achselzucken und seinen explodierenden Fäusten sowohl seine Naivität in Herzensangelegenheiten als auch seine Zweideutigkeit in Sachen Sex ... Er hätte ein Werk Rodins sein können, wäre dieser ein klein wenig punkiger gewesen.« War Cal Trask der »verdrehteste, zappeligste« Jugendliche, den man jemals auf der Leinwand sah, bewegte sich Jim Stark — ein ebenso elementarer Name — am Rande einer Psychose. Er ist ein echter Mittelschicht-Mutant. »Bitte sperren Sie mich ein, sonst stelle ich etwas an, verprügele jemanden«, bettelt er in der Juvenile Hall. Am Ende des Films jedoch spielt er mit Natalie Wood und dem zum Untergang verurteilten, ihn bewundernden Sal Mineo Vater, Mutter und Kind.

Warner Brothers behandelte ... *denn sie wissen nicht, was sie tun* wie einen grandiosen B-Film, was er ja eigentlich auch war. Trotz aller zweifelhaften politischen Ansprüche, die Nick Ray und Dennis Hopper — zwei der gerissensten Rebellen Hollywoods — später in den Film hineininterpretierten, unterschied er sich nicht allzu sehr von den Fernseh-Psychodramen, in denen Jimmy in New York seine Erfahrungen sammeln konnte. Abgesehen von Jimmy hätten die meisten Charaktere des Films aus einem schlechten Drehbuch von Clifford Odets entsprungen sein können, den Jimmy im Bungalow des Chateau Marmont kennengelernt hatte. Wenn die Botschaft des Films ursprünglich eine tiefgründige Aussage über den Nihilismus der aufkommenden Rock 'n' Roll-Generation — die ersten modernen Teenager — werden sollte, so ist er tatsächlich doch eher eine Möchtegern-Kinoversion der *West Side Story* ohne Musik geworden. »Wir wollten unsere Eltern wie durch Zauberei verwandeln«, sagt Stewart Stern. Die nicht ›funktionierenden‹ Eltern in ... *denn sie wissen nicht, was sie tun* wirken jedoch dermaßen unglaubwürdig, daß die Jugend-Rebellion grundlos und überflüssig wirkt. »Es gefiel mir nicht, wie Nick Ray die Eltern in ... *denn sie wissen nicht, was sie tun* darstellte«, sagte Elia Kazan, »aber ich hatte durch Ray Masseys Rolle in *Eden* dazu beigetragen.« »*Irgend etwas* müssen wir

Gegenüber: Jim, Plato und Judy in ihrem vorübergehenden Zufluchtsort, der verlassenen Getty-Villa. Jim Stark wird erwachsen, als er einen Abend lang für Plato zum Ersatzvater wird

Jimmy mit Natalie Wood in einer Drehpause. Jimmys rote Jacke und seine Blue Jeans riefen einen Teenager-Stil ins Leben, der eine ganze Generation prägte

Gegenüber: Sal Mineo verehrte Jimmy hinter der Kamera genauso wie in seiner Rolle als Plato im Film. Jahre später sagte er: »Es wurde mir klar, daß ich unglaublich in ihn verliebt war.« Sal Mineo wurde 1978 vor seinem Apartment in West-Hollywood auf tragische Art und Weise ermordet

Gegenüber: Plato mit seinem neuen Freund Jim Stark an dessen erstem Tag an der Dawson High School

Unten: Jim Starks hoffnungslos verweichlichter Vater, eine seltsame Verkehrung des üblichen patriarchalischen Tyrannen

ja machen«, sagt der tyrannische Buzz, als Jimmy ihn fragt, warum sie ihre ›blinden Chickie-Rennen‹ veranstalten. Als Gegenstück zu Brandos »Ist doch scheißegal!« ist dies kaum eine zufriedenstellende Erklärung des Unbehagens der Teenager in einem kalifornischen Vorort. Darüber hinaus überlädt Ray den Film mit metaphysischen Signalen — an erster Stelle die trockene Erklärung des Planetarium-Professors über die Bedeutungslosigkeit des Menschen im Kosmos —, doch es gelingt ihm nicht, diesen Signalen einen dramatischen Inhalt zu verleihen.

»Wenn ich nur einen einzigen Tag nicht so ratlos wäre …«, sagt Jim Stark, und auch diese Worte hätten von Jimmy selbst stammen können. Als ihm sein Vater, der eine Rüschenschürze über seinem Anzug trägt, sagt, daß er in zehn Jahren verstehen werde, worum es im Leben gehe, schreit Jimmy: »Ich will die Antwort jetzt!« (Nick Ray sagte nach Jimmys Tod, daß Jim Stark wie Jimmy selbst »eine Antwort suchte, einen Fluchtweg aus der Welt um ihn herum«.) Und dennoch verbarg sich, wie Stewart Stern bemerkte, »hinter all der Gewalt und Qual, die Jimmy auf der Leinwand zeigte, ein verrückter Optimismus, das Gefühl, daß er es schaffen und ein guter Junge werden würde, der er sein wollte«. Jim Starks Wende tritt durch die schwärmerische Heldenverehrung des kleinen Sal Mineo als Plato ein, der noch labiler ist als Jimmy in seiner Rolle. Als Jim für den verlassenen Plato unbeabsichtigt die Elternrolle annimmt, wird in ihm der verantwortliche und liebende Erwachsene geweckt. In der idyllischen Prä-Nemesis-Szene in der leeren Getty-Villa, die für *Sunset Boulevard* verwendet wurde, schmiegt sich das flüchtige Trio Jim, Judy und Plato wie Vater, Mutter und Kind aneinander. »Der gequälte Schrei, den Dean ausstößt, als Mineo niedergeschossen wird«, bemerkte David Thomson, »ist die Antithese zu dem unpassenden Filmtitel.« Als Jim am Ende wieder zu seinen Eltern zurückkehrt, ist das Kind zum Manne gereift.

Mineo gestand später, daß seine Faszination und Verehrung für Jimmy »in einem bestimmten Maße sexueller Natur war«, obwohl er sich zu jener Zeit noch »in keinster Weise etwas unter Liebe zwischen Männern vorstellen konnte«. »Erst Jahre später«, sagte er, »begriff ich, daß ich unsterblich in ihn verliebt war.« Und noch später wurde Mineo vor seinem Apartmenthaus in West

Jimmy während der Dreharbeiten beim Boxen mit seinem Freund Perry Lopez

Gegenüber: Draußen vor dem Planetarium im Griffith Park mit Corey Allen, Ian Wolfe und Sal Mineo

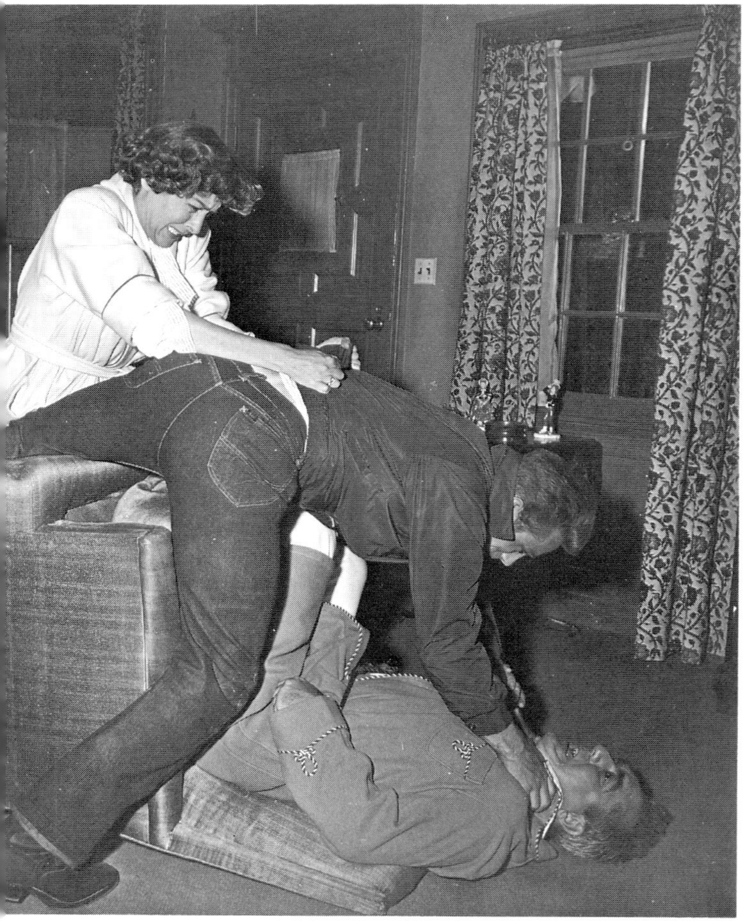

»Von allen Schauspielern, mit denen ich je zu tun hatte, hatte Jimmy die größte Körperbeherrschung«, sagte Jim Backus. In dieser Szene läßt er sich von Jimmy die Treppe hinunterwerfen, durch ein Zimmer zerren und fast erdrosseln

Hollywood erstochen und starb somit — ebenso wie Jimmy und noch andere Mitwirkende dieses Films — einen frühzeitigen Tod: Natalie Wood ertrank 1981 vor Catalina Island, Nick Adams starb 1968 an einer Überdosis Schlaftabletten und Nick Ray 1979 an Krebs. Ein hoher Preis für einen einzigen Film — manche Leute glauben allerdings, daß Jimmys Tod als eine Art Fluch zu verstehen war.

Wie in *Jenseits von Eden* besteht Jimmys Rolle in ... *denn sie wissen nicht, was sie tun* aus tausend kleinen Grimassen, Gekicher und fast autistischen Bewegungen. Noch mehr als in *Eden* murmelt er seine eigene, geisterhafte Musik, die so tief aus seinem Innern kommt, daß sie schon fast nicht mehr ein Teil von ihm ist. »Er spricht nicht viel«, schwärmt Plato Judy gegenüber, »aber wenn er etwas sagt, dann weiß man, daß er auch dazu steht.« Auch seine Körpersprache spricht wieder Bände, besonders während des Messerkampfes mit Buzz. »Von allen Schauspielern, mit denen ich je zu tun hatte, hatte er die größte Körperbeherrschung«, schrieb Jim Backus in seiner Autobiographie *Rocks On The Roof:*

> Eine Schlüsselszene in ... *denn sie wissen nicht, was sie tun* war die Szene, in der Jimmy und ich einen furchtbaren Streit am oberen Treppenabsatz hatten, auf dessen Höhepunkt er mich die Treppe hinunter durch das Wohnzimmer in einen Stuhl warf und mich zu erwürgen versuchte. Ich mußte ihm vertrauen. Sollte ich mich aus irgendwelchen Gründen verkrampfen, so hätten wir uns beide schwer verletzen oder möglicherweise sogar töten können. Ich wog 90 kg, ein tödliches Gewicht, und dieser Junge, der nicht mehr als 65 kg wiegen konnte, warf, trug, zog und zerrte mich diese Treppe hinunter, durch das Zimmer und wieder und wieder in den Stuhl, während aus den verschiedensten Blickwinkeln Aufnahmen gemacht wurden.

Nick Ray ging mit Jimmy sogar noch nachsichtiger um als Elia Kazan. Vor der langen Juvenile-Hall-Szene zu Beginn des Films ließ Jimmy Schauspieler und Team eine Stunde lang warten, während er in seiner Garderobe saß und sich mit Wein und Wagners

Jimmy mit seinem Boxtrainer Mushy Callahan im Griffith Park

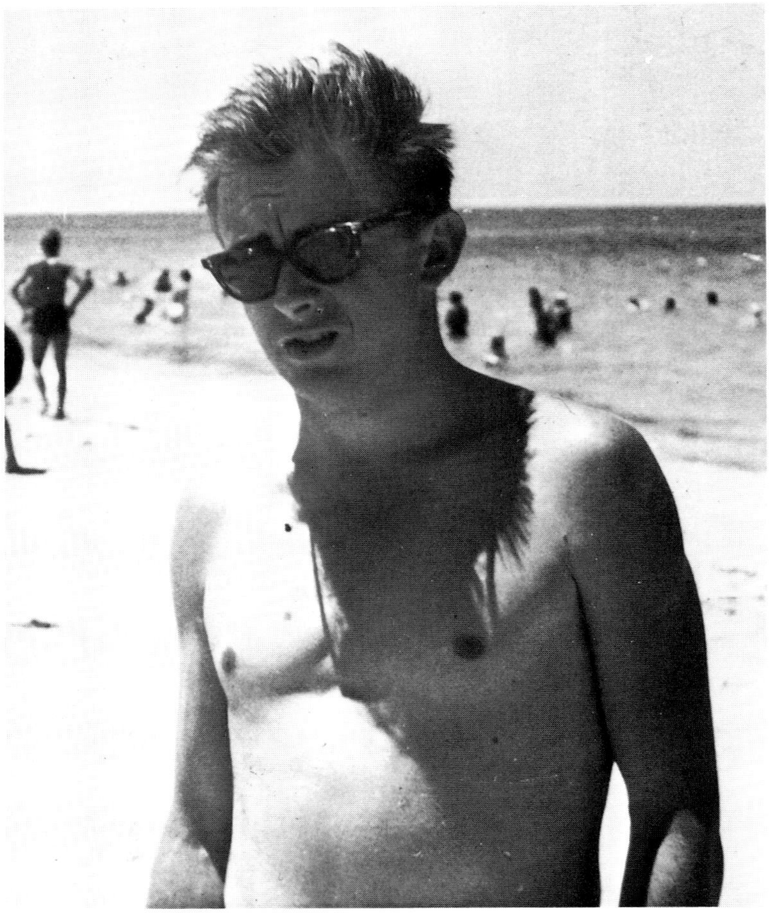

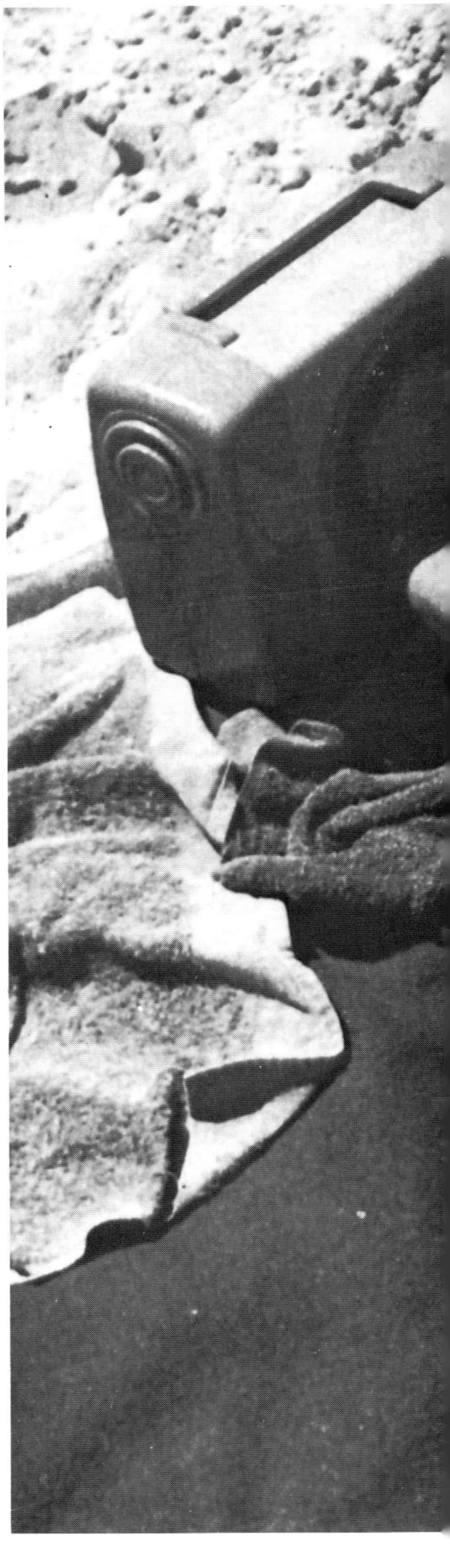

Am Strand (wahrscheinlich Malibu Beach, 1955). Fünf Jahre vorher hatte sich Jimmy hier zwischen den blonden, lässigen Surfern fehl am Platze gefühlt

Jimmy ließ die Schauspieler und das Drehteam oft warten, während er sich psychisch auf eine Szene vorbereitete. Hier erklärt ihm Nick Ray gerade eine Szene in der Juvenile Hall

Gegenüber: Bei den Dreharbeiten im Griffith Park mit Natalie Wood, Nick Ray und Dennis Stock. Letzterer arbeitete bei diesem Film als ›Dialogregisseur‹ mit

›Ritt der Walküren‹ psychisch einstimmte. Auch bei den meisten anderen Gelegenheiten konnten die Dreharbeiten erst beginnen, nachdem er sich »in seine Rolle hineinversetzt hatte«. Ende Mai, als die Dreharbeiten zu *... denn sie wissen nicht, was sie tun* beendet waren, standen sich Star und Regisseur so nahe, daß sie sogar zusammen ein eigenes Filmprojekt mit dem Arbeitstitel *Heroic Love* planten. Laut Inhaltsangabe dieses Films kehrt ein junger Jurist in seine kleine Heimatstadt im Westen zurück, um bei einem Anwalt zu arbeiten, den er bewundert. Als er eines Tages die Frau des Anwalts, die er selbst zurückgewiesen hatte, *in flagranti* mit einem anderen Mann erwischt, erzählt er nichts, sondern versucht, die Frauen der Stadt zu verführen. Als ihn dann später die Ehefrau beschuldigt, er habe sie verführen wollen, wird der junge Jurist aus der Stadt gepeitscht. Dieses Projekt kam nie zustande, aber Nick Rays kritische Einstellung gegenüber Hollywood — seine Weigerung, *... denn sie wissen nicht, was sie tun* umzuschneiden, war der Beginn einer verbitterten Beziehung zur Filmindustrie, von der er sich nie ganz erholte — beeindruckte Jimmy enorm, und es wäre sicherlich interessant, Spekulationen darüber anzustellen, ob Jimmy womöglich in die gleiche Märtyrerrolle geraten wäre, wenn er die Regisseur-Laufbahn eingeschlagen hätte. Nachdem Ray bei einer Schlägerei in einer Bar in Madrid ein Auge verloren hatte, verbrachte er seine letzten Jahre damit, gegen das System zu kämpfen und bei Parties in Hollywood Kokain zu schnüffeln.

Jimmy war für die junge Gesellschaft, die sich um Ray herum

Der mißratene Mittelschicht-Sohn beim Nachdenken über die Welt

gebildet hatte, eine Quelle der Inspiration: »Er war unglaublich ermutigend und süß«, sagte Natalie Wood, die noch genau wußte, wie er ihr half, sich zu beruhigen, damit sie eine spannungsgeladene Szene spielen konnte. Dennis Hopper, der das Bandenmitglied Coon spielte, nahm Jimmy beiseite und fragte ihn, weshalb er so anders war als die anderen. »Spiele nicht«, riet er ihm, »wenn du etwas tust, dann tu es wirklich und tu' nicht nur so als ob.« Hopper selbst übertrieb die ›Methode‹ von Jimmy dann etwas, als er den Regisseur Henry Hathaway eine einzige Szene von *From Hell To Texas* achtzigmal wiederholen ließ.

Als die Dreharbeiten für ... *denn sie wissen nicht, was sie tun* am 25. Mai zu Ende gingen, probte Jimmy bereits Szenen für *Giganten*, das monumentale Melodrama texanischer Vieh- und Ölbarone nach einer Bearbeitung von Edna Ferbers *(Show Boat)* 474 Seiten starkem Roman. Er hatte die Rolle des Jett Rink in George Stevens' Film bereits gewollt, als die Dreharbeiten für *Eden* noch in vollem Gange waren, und buhlte um die Gunst des erfahrenen Regisseurs, indem er seinen Assistenten schmeichelte. Am 17. März zahlten sich all diese Manöver aus, als man offiziell bestätigte, daß er die Rolle des mürrischen, wortkargen Rancharbeiters erhalte, der aus der Ferne Elizabeth Taylor verehrt und den es nach Rache an ihrem Ehemann Rock Hudson dürstet. Schließlich war es dann nur Liz Taylors Schwangerschaft zu verdanken, daß sich der Beginn der Dreharbeiten so lange hinauszögerte, daß Jimmy ... *denn sie wissen nicht, was sie tun* noch rechtzeitig beenden konnte. Im April sagte man ihm auch die Rolle des Rocky Graziano für den MGM-Film *Somebody Up There Likes Me (Die Hölle ist in mir)* zu. Ironischerweise spielte in jenem Film, den

Jim Stark an seinem ersten Tag
in der Schule

Gegenüber: Jimmy war häufig zusammen mit Frank Sinatras ›Rat Pack‹ in dem Hollywood-Restaurant Villa Capri anzutreffen. Hier testet das Urmitglied des Rat Pack, Sammy Davis Jr., gerade Jimmys Talent als Fotograf, bevor er ihn Freunden an einem anderen Tisch vorstellt

PALL MALL

Jimmy mit nicht gerade glücklichem Gesicht bei einem von der Agentur arrangierten Filmpremieren-Rendezvous mit Terry Moore, einem typischen Hollywood-Flittchen

Elizabeth Taylor, die bald mit ihm in *Giganten* spielen sollte, als sie bei den Dreharbeiten zu *... denn sie wissen nicht, was sie tun* vorbeischaute

Jimmy mit dem Hollywood-Kolumnisten Sidney Skolsky in der Villy Capri

Jimmy mit dem Komödianten Milton Berle in der Villa Capri

Beim Schachspielen im Freien mit Perry Lopez

Gegenüber: Jimmy mit Autogrammjägern während der Dreharbeiten zu *... denn sie wissen nicht, was sie tun*

SMOLDERING
DYNAMITE

Jimmy mit Pat Hardy in *The Unlighted Road*, einer *Schlitz-Playhouse*-Produktion von CBS, im Mai 1955

dann Paul Newman drehte, ausgerechnet Pier Angeli Grazianos Ehefrau.

Am 6. Mai, nachdem die Nachtszenen für ... *denn sie wissen nicht, was sie tun* im Griffith-Park-Planetarium abgedreht worden waren, trat Jimmy im CBS *Schlitz Playhouse* in einem Fernsehspiel mit dem Titel ›The Unlighted Road‹ auf. Dies war seine letzte Fernsehrolle, für die er so nebenbei 2500 Dollar einsteckte, und er spielte einen jungen Herumtreiber, Jeff Latham, der unwissentlich in dunkle Geschäfte und Mord verwickelt wird. Nachdem er von zwei älteren Männern in einer abgelegenen Imbißstube hereingelegt wird, geht er schließlich zur Polizei und gesteht, was passiert ist, wird jedoch freigelassen und kann zu seiner Freundin Pat Hardy zurückkehren.

Joe Hyams, den Jimmy oft zu Hause besuchte und dessen fünfjährigem Sohn Jay er Eiscreme mitbrachte, sagt, ... *denn sie wissen nicht, was sie tun* sei für Jimmy genauso eine Ersatzwelt gewesen wie *Jenseits von Eden.* Er ging vollständig in der Rolle des Jim Stark auf und verbrachte (wie Bill Bast es nannte) weniger Zeit mit ›Stanislawskijschen Erkundungen‹ der ›Night Watch‹ und jagte seltener Autos und Frauen hinterher. Autos und Frauen blieben jedoch ein wichtiger Bestandteil seines Lebens: Kurz vor Beginn der Dreharbeiten zu ... *denn sie wissen nicht, was sie tun* hat-

Mit Pat Hardy bei den Dreharbeiten zu *The Unlighted Road*

Jimmy als der naive Herumtreiber Jeff Latham in *The Unlighted Road*

te er in Hollywood für 4000 Dollar einen Porsche Speedster gekauft und war mit der schwedischen Schauspielerin Lili Kardell zu einem Rennen in Palm Springs gefahren. »Er machte bei der Studioleitung keinen Hehl daraus, daß Rennen ihn wesentlich mehr interessierten als die Schauspielerei«, schrieb Dennis Stock, der als ›Dialogregisseur‹ bei *... denn sie wissen nicht, was sie tun* mitwirkte, »und dies war ein Affront gegen ihre berufliche und kreative Würde.« »Nur wenn ich Rennen fahre, fühle ich mich richtig in meinem Element«, sagte Jimmy in einem Interview, bevor er am ersten Tag das Amateurrennen gewann und am darauffolgenden Tag im Profi-Rennen als dritter durchs Ziel ging. Überflüssig zu sagen, daß die Produzenten von *... denn sie wissen nicht, was sie tun* nicht gerade glücklich darüber waren, daß Jimmy sein Leben auf der Rennbahn riskierte. Er mußte ihnen zusichern, daß er während der Dreharbeiten keine Rennen fahren würde.

Neben Lili Kardell gehörten nach Pier Angelis Hochzeit noch einige andere Frauen kurzfristig zu Jimmys Leben. Zusammen mit Lew Bracker, einem ebenfalls vom Rennsport begeisterten Freund, ging er in Bars und bei Parties auf Frauenjagd, und als ihm sein alter Kumpel Whitey Rust aus Indiana einen Besuch abstattete, jagten sie eine Woche lang wie wild durch Hollywood. Eine von Jimmys liebsten Verführungsmethoden bestand darin, Mädchen mit nach Hause mitzunehmen und sein berühmtes

Jimmy mit dem Speedster vor dem Rennen in Palm Springs

Gegenüber: Jimmy in dem weißen Porsche Speedster, den er für $ 4000 in Hollywood erwarb

Jimmy mit seiner temperamentvollen Freundin Ursula Andress in der Villa Capri, August 1955

Stierkampfspiel zu spielen: Wenn er seinen Umhang fallen ließ und zum ›Todesstoß‹ ansetzte, ließ er gleichzeitig seine Hose fallen. Sicherer jedoch war der unverblümte Appell an die mütterlichen Instinkte einer Frau, wobei er seinen Kopf in ihren Schoß kuschelte. »Alle Frauen wollen einen bemuttern«, äußerte er Joe Hyams gegenüber und fügte hinzu, daß er bei älteren Frauen mehr Erfolg habe und sogar mit einer Lehrerin am College eine Affäre gehabt habe. Marilyn Morrison, die Ex-Frau des Sängers Johnnie Ray, war eine jener ›älteren Frauen‹, ebenso die 43jährige alkoholabhängige Woolworth-Erbin Barbara Hutton, die ihn in einer schlaflosen Nacht bei Googie's auflas und mit zu sich ins Beverly Hills Hotel nahm.

Seine einzige größere Affäre nach Pier hatte er mit einer anderen jungen Schauspielerin aus Europa, Ursula Andress, die später

Der Komponist Lenny Rosenman fand es verblüffend, wie sehr Ursula Andress und Jimmy sich ähnelten, und glaubte, daß die Beziehung der beiden im Grunde narzißtisch geprägt war

Mit Ursula Andress beim ersten Thalians-Essen, 1955

Das wilde, jungenhafte Lachen, das eine so herausragende Rolle in *... denn sie wissen nicht, was sie tun* spielt

Gegenüber: Jimmy konnte nichts unversucht lassen. In seiner Zeit in New York begann er sich mit der Kunst des Fotografierens zu befassen

mit dem ersten James-Bond-Film *Dr. No* berühmt wurde, in dem sie wie eine Venus aus dem Meer auftauchte. Er entdeckte sie auf einer Party in Hollywood und bat Joe Hyams, »mich bei ihr gut dastehen zu lassen« und bei ihr für ihn die Trommel zu rühren. Als er sie schließlich erobert hatte, nahm eine stürmische und obsessive Affäre ihren Lauf. Bill Bast erinnert sich an den europäischen Hochmut der Andress gegenüber seiner Hollywood-Verlogenheit, Lenny Rosenman hingegen meint, daß die Beziehung im Grunde genommen bei beiden hauptsächlich narzißtischer Natur gewesen sei. Wie auch bei Mick und Bianca oder Prince und Vanity war die Ähnlichkeit zwischen ihnen zu groß, als daß es sich um einen Zufall hätte handeln können. (Die amazonenhafte Andress bezeichnete sich selbst als ›weiblichen Brando‹.) Vampira, die allen Grund zur Eifersucht hatte, erinnert sich, daß Jimmy der Andress gegenüber nur sehr wenig Respekt bewies und sie den Eindruck hatte, daß er sie »aus körperlichen Gründen benutzte, denn sie war eine üppige Pin-up-Lady«.

Freunde wie Bill, Lenny und Vampira zogen sich in jener Zeit langsam zurück. Lenny hatte seine snobistische Einstellung gegenüber Hollywood satt — »In Wirklichkeit liebte er es«, sagt er, »denn in Hollywood konnte er sich für einen Intellektuellen halten.« — Und, was noch entscheidender war, er spürte, daß der Junge zutiefst gestört war. Zusammen mit anderen Freunden oder Kollegen überredete er Jimmy, zu einem Psychoanalytiker zu gehen. »Ich glaube, daß er immer noch in Behandlung war, als er starb«, sagt er. Bill und Vampira dagegen hatten schlicht und einfach den Eindruck, daß sie auf seinem rücksichtslosen Weg zum Star auf der Strecke geblieben waren.

Jimmy als launisches männliches Fotomodell. Dieses Porträt könnte ebenso aus einem Modemagazin der achtziger Jahre stammen

Jim Stark allein im Planetarium. »Ein Stern, der immer heller wird und immer näher kommt ...«

Der neue Stern am Himmel, 1954

Jimmy mit einigen der Trophäen, die er mit seinem Porsche gewann

Jimmy als sinnloses Rock'n'Roll-Opfer. Die kleine Statue ist ein Foreign Press Award für seine Rolle in *Jenseits von Eden*

Gegenüber: Jimmy auf seinem Motorrad in Burbank

KAPITEL SECHS

GIGANTEN

»ER WAR DAS KLEINSTE FOHLEN IN EINER HERDE
VON VOLLBLUTPFERDEN, UND MAN KONNTE DIE EINSAMKEIT,
DIE IHN UMGAB, REGELRECHT SPÜREN.«
MERCEDES McCAMBRIDGE, DIE LUZ BENEDICT IN *GIGANTEN*

Wenn *Jenseits von Eden* ein Cinemascope-Kunstfilm mit großem Budget und *... denn sie wissen nicht, was sie tun* ein aufgeblasener B-Film war, dann stellte George Stevens' *Giganten* die einzig wirklich große ›Hollwood-Produktion‹ dar, in der James Dean mitwirkte. Im Gegensatz zu Elia Kazan oder Nick Ray war Stevens kein rebellischer Einzelgänger. Er fühlte sich einer früheren Generation von Regisseuren verbunden und war Mitte der fünfziger Jahre der unumstrittene König des Monumentalfilms. »Der konzentrische Klassizismus der Stevens-Einstellungen«, schrieb der amerikanische Kritiker Andrew Sarris, »wirkte fast wie ein offizieller Stil für nationale Monumentalfilme.« Für Jimmy gehörte er ebenso wie etwa John Ford oder Howard Hawks ins Pantheon der Regisseure, mit denen jeder arbeiten wollte. Der neue Star, jetzt auf einer Ebene mit Liz Taylor und Rock Hudson, ahnte jedoch nicht, wie unvereinbar seine Auffassung von der Schauspielerei mit den Methoden dieses Mannes sein würde.

Edna Ferbers Roman, von Fred Guiol und Ivan Moffat bearbeitet, stützt sich zum Teil auf die Karriere von Glen McCarthy, einem Ölmagnaten aus Houston, der sich aus dem Nichts emporgearbeitet und ein riesiges Vermögen erworben hatte und als Modell für Jimmys Rolle des Jett Rink diente. Auch wenn der Film heute eher wie ein dreistündiger Pilotfilm für *Dallas* wirkt, für seinen Regisseur war er der dritte Teil seiner Trilogie über den ›Amerikanischen Traum‹ — nach *A Place In The Sun (Ein Platz an der Sonne,* 1951)

Ein belgisches Poster für *Giganten,* 1957

Gegenüber: Beim Rennen

Wieder eine ewige Dreiecks-
beziehung: Jimmy mit Elizabeth
Taylor (Leslie) und Rock Hudson
(Bick) in einer Werbeaufnahme

und *Shane (Mein großer Freund Shane,* 1953). Jett Rink symbolisierte die letzte Perversion jenes Traums und bot Jimmy die Chance, seine eigene Trilogie als durch und durch amerikanischer Anti-Held in der Rolle eines Rock'n'Roll-Cowboys, der sein Leben als alkoholabhängiger Ölmagnat in einem Smoking beendet, zu vervollständigen. Wie in dem manichäischen Psychodrama *Eden* ist Dean das düstere, unzugängliche, sexuell beunruhigende Gegenstück zu einem standhaften, aufrichtigen Rivalen (Bick Benedict), den in diesem Fall Rock Hudson spielt. Die Tatsache, daß Jimmy in Wirklichkeit Hudson gegenüber genauso feindselig eingestellt war wie Rink Benedict gegenüber, war hier nur hilfreich.

Die Dreharbeiten zu *Giganten* begannen Ende Mai mit Außenaufnahmen in Virginia, zu denen Jimmy jedoch noch nicht erscheinen mußte. Am Wochenende, bevor er in die Produktion einstieg, nahm er mit seinem Porsche am Memorial Day an einem Rennen in Santa Barbara teil, mußte die Rennstrecke jedoch wegen Motorschadens verlassen. Da ihm George Stevens daraufhin die Teilnahme an allen Rennen untersagte, sollte dies sein letztes Rennen sein. Unmittelbar nach seiner Rückkehr nach Hollywood begann er mit der Vorbereitung auf seine Rolle, und er vertiefte sich in die Geschichte Texas' und die Viehzucht. Die Cowboy-Kleidung stand ihm gut. Kann man einsame Männlichkeit romantischer ausdrükken als durch Levi's Jeans, Cowboy-Stiefel und einen Stetson? Auch diesmal versuchte er, sich vollkommen mit seiner Rolle zu identifizieren, und trug diese Kleidung fast ständig. Als das aus 280 Leuten bestehende Team zu Beginn eines glühend heißen Juli nach Marfa, Texas, fuhr, hatte er sich bereits einen echt texanischen Akzent angeeignet, sich selbst beigebracht, wie man Vieh mit dem Lasso fängt und nachts auf Kaninchenjagd ging. »Jimmy war ein hingebungsvoller, perfektionistischer Schauspieler«, schrieb Mercedes McCambridge, die in diesem Film Rock Hudsons Schwester Luz Benedict spielte. »Ich beobachtete ihn, wie er Teile seiner Rolle entwickelte, bis man den Eindruck hatte, sie gehörten zu seinem Wesen. Er bat Cowboys, ihm komplizierte Lassotricks beizubringen. Er übte bis zum Exzeß mit dem Lasso, und wenn man ihn als Jett Rink mit diesen Tricks sieht, so hat man den Eindruck, es handele sich um einen texanischen Jungen, der in seinem Südstaatendasein nie etwas anderes getan hat!«

Der Rock'n'Roll-Cowboy mit einem Stetson in Marfa, Texas

Bei den Dreharbeiten zu *Giganten* in Hollywood

Eine wahrhaft lässig kühle Pose
in Texas

Liz Taylor zu Besuch auf ›Little
Reata‹, wo Jeff bald auf Öl
stoßen wird

Jimmy liebte Pferde fast genauso wie Autos und Motorräder. Vielleicht erinnerte ihn dieses Pferd in Marfa an das Palomino-Pferd, das er in Santa Barbara hatte

Gegenüber: Jimmy und Rock Hudson haßten sich in Wirklichkeit ebenso sehr wie im Film. Rock Hudson fand Jimmys Schauspielerei nervtötend unberechenbar

Marfa war 59 Meilen von der mexikanischen Grenze und dreieinhalb Stunden mit dem Wagen von El Paso entfernt. So wie es im Film erscheint, war es tatsächlich nur ein gottverlassenes Nest, eine Wüstenstadt mit weniger als 3000 Einwohnern, in der seit über fünf Jahren eine schwere Dürre herrschte. Hier baute man die neogotische 200000-Dollar-Villa, die sich so surrealistisch aus der flachen Landschaft erhebt — ein extravaganter Dekor, der lediglich für Außenaufnahmen im Film benutzt wurde und als bizarres Monument zurückblieb, bis es in den frühen achtziger Jahren zerfiel. Hier begann die bittere Auseinandersetzung zwischen Stevens' wohlmeinendem Regie-Despotismus und Jimmy Deans radikal gegensätzlicher Schauspielmethode. »Je mehr sich Jimmy der Technik von Stevens' Arbeitsmethode bewußt wurde«, schrieb Bill Bast, »desto mehr begann er, gegen den Mann zu rebellieren.« Alfred Hitchcock sagte einmal, daß Schauspieler wie Vieh seien, aber Stevens schien sie bewußt auch wie solches zu behandeln. Vielleicht verwechselte er sie mit den Tausenden echten Rindern im Film. Was Andrew Sarris als seinen ›konzentrischen Klassizismus‹ bezeichnete, bedeutete einfach nur, daß er Szenen aus allen möglichen vorstellbaren Winkeln drehen ließ und man dann Monate damit verbrachte, kilometerweise überflüssiges Filmmaterial auszumustern. Jimmy betrachtete diese Methode mit Verachtung und distanzierte sich selbst bald sowohl von den anderen Schauspielern als auch vom Team. Lediglich Dennis Hopper, der ebenfalls in *... denn sie wissen nicht, was sie tun* mitgespielt hatte und mit Jimmy während der Drehpausen oft Marihuana rauchte, erwies sich als Verbündeter unter den Männern im Film. Ansonsten war Jimmy gezwungen, sich auf den ›Charme des kleinen Jungen, der sich verlaufen hat‹, zu verlassen, um bei den Frauen Mitgefühl zu erwecken. »Man kann nicht in Worte fassen, wieviel Zuneigung er brauchte«, schrieb Mercedes McCambridge. »Er war das kleinste Fohlen in einer Herde von Vollblutpferden, und man konnte die Einsamkeit, die ihn umgab, regelrecht spüren.«

Jane Withers, die eine Person mit dem eigenartigen Namen

Jimmy mit Auto, Pferd und Haus. ›Texanischer Surrealismus‹

Vashti Snythe spielte, wurde ein neuer Mutterersatz für Jimmy — und Elizabeth Taylor wurde nach einigen anfänglichen Psychotests, die Jimmy mit ihr veranstaltete, eine große Schwester für ihn — und darüber hinaus eine Verbündete gegen Stevens, da sie auch selbst Probleme mit dem Regisseur hatte. Klatschmäuler sprachen schon von einer Romanze, aber ihre Freundschaft ähnelte der, die sie in Stevens' früherem Werk *A Place In The Sun* mit einem anderen sexuell ebenfalls nicht eindeutig veranlagten Schauspieler, Montgomery Clift, hatte. (Jimmy war dennoch so nervös in seiner ersten Szene mit Elizabeth Taylor, der berühmten ›Kreuzigungsszene‹ mit dem Gewehr über seinen Schultern, daß er seine Spannung abbauen mußte, indem er wegging und vor Hunderten von Zuschauern pinkelte, die auf Stevens' offenem Set herumstanden.

Raymond Massey hatte Jimmys Improvisationen in *Jenseits von Eden* nervtötend gefunden. In *Giganten* brachte noch nicht einmal der Regisseur die Geduld für die Freiheiten auf, die sich Jimmy in bezug auf das Drehbuch zu nehmen versuchte, denn er erstickte alle spontanen Einfälle, die er in seine Rolle einbringen wollte, im Keim. Es ist ein Wunder, daß so viel von Jimmy im Film überlebt hat, selbst wenn an seinem Auftreten die Gesten am besten sind, mit denen er sich von den anderen abkapselt, indem er nach unten schaut, zu murmeln beginnt und den Rand seines Stetson über die Augen zieht. Letzten Endes ist der von ihm verkörperte Jett Rink ein Paradebeispiel der Einsamkeit, ein Cal Trask, der ohne gebührenden Platz in der Gesellschaft aufwächst und kein richtiges Zuhause hat — bis er das winzige Stück Land erbt, das sich als monströses Ölfeld mit Milliardenwert erweist. Und wie Orson Welles' Citizen Kane — auch ein alternder Tycoon, der von einem 24jährigen gespielt wurde — endet auch sein Leben in mitleiderregender Einsamkeit.

Ein weiterer Verbündeter bei den Dreharbeiten und Jimmys letzter fotografischer Chronist war Sanford Roth, der in Texas eine Fotoreportage über Jimmy für das Magazin *Collier's* machen sollte. Roth stand auf Anhieb hoch in Jimmys Ansehen, da er in Europa gelebt und solch illustre Persönlichkeiten wie Picasso, Braque, Chagall, Leger, Einstein, Cocteau und Strawinsky fotografiert hatte. Nach seiner Rückkehr nach Hollywood wurden der 49jährige Fotograf und seine Frau Beulah für Jimmy etwas, was er für unmöglich gehalten hatte: ›Mutter‹ und ›Vater‹ mit intellektueller Glaub-

Jett Rinks Schicksal vor Augen

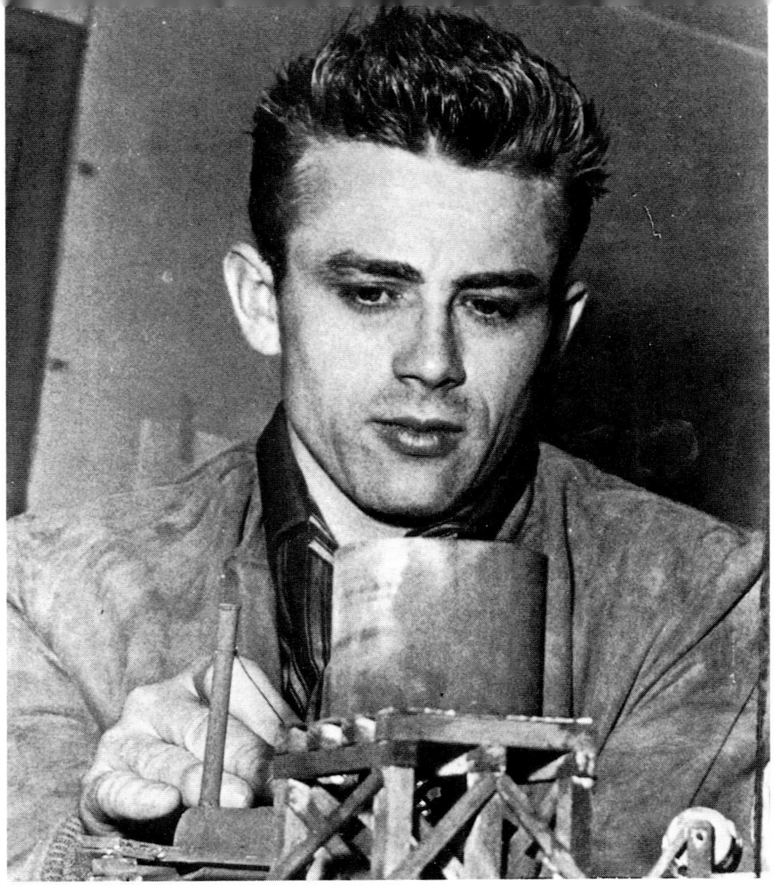

Beim Besichtigen der an *Dallas* erinnernden Modelle der Jetoil-Ölquellen mit Fred Guiol und Ivan Moffat, den Drehbuchautoren von *Giganten*

Gegenüber: Jimmy bei der Begutachtung von Szenenaufbau-Entwürfen mit Fred Guiol

Jimmy und Ivan Moffat

würdigkeit. Sie nahmen ihn auf, fotografierten ihn und bestärkten ihn in seinen intellektuellen und künstlerischen Ambitionen. »Er wollte den Boulevard Montparnasse entlangbummeln«, erinnert sich Roth, der 1962 in Rom starb, »er wollte Bildhauerei in Paris studieren, verrückte Pullover auf Capri kaufen und Cocteau und Miró kennenlernen.« In ihrem Haus saß Jimmy mit der Katze Louis auf dem Schoß da, las Curcio Malaparte und Genets *Tagebuch eines Diebes* und sprach davon, noch vor Jahresende nach Europa zu reisen. »Ich war mir nie sicher, ob sein Interesse für Schriftsteller wie Genet nur vorgetäuscht oder wirklich echt war«, schrieb Beulah Roth einige Jahre später, »aber er verzichtete für sie auf Edgar Guest.« Als er eines Tages beschloß, daß die Schauspielerei keine wirklich kreative Tätigkeit war, bat er Roth inständig, ihn der Bildhauerin Pegot Waring vorzustellen, die sich bereit erklärte, ihn als Schüler anzunehmen. In Texas machte Roth einige hervorragende Aufnahmen von Jimmy, auf denen er meist mit Lassos zu sehen ist: wie er seine Lassotechniken mit einigen mexikanischen Statisten übt, wie er Liz Taylor bei einer harmlosen sexuellen Balgerei fesselt, wie er mit einer Schlinge um den Hals, ähnlich der, die er später in seinem Sherman-Oaks-Apartment aufbewahrte, einen Erhenkten spielt. Diese Bilder gehören zu jenen, in denen er sexuell am attraktivsten wirkt.

Als die *Giganten*-Truppe Ende Juli nach Burbank zurückkehrte, verschlechterte sich die Beziehung zwischen Jimmy und Stevens noch weiter. Jetzt, da er sich wieder mitten im Nachtleben von Hollywood befand — und dies meist in der Gesellschaft der temperamentvollen Ursula Andress —, kam er oft zu spät ins Studio, und eines Tages erschien er überhaupt nicht. Er behauptete, Stevens habe ihn am Tag zuvor ohne Grund am Drehort warten lassen, und er habe sich deshalb entschlossen, nicht zum Dreh zu gehen und den Tag dazu zu nutzen, in das Sherman-Oaks-Apartment einzuziehen, das er von Nico Romanos, dem Chefkellner seines Lieblingsrestaurants Villa Capri, gemietet hatte. Da Mercedes McCambridge an jenem Morgen unglücklicherweise beim Duschen ausgerutscht und hingefallen war, hätte man Jimmy am Drehort gebraucht, doch er war nirgends aufzufinden. Am nächsten Tag schrie Stevens Jimmy vor dem gesamten Team an, und bald sprach ganz Hollywood von diesem Eklat. Viele Klatschkolumnisten freuten sich hämisch über

Die Affäre mit Ursula Andress fand bald nach der Rückkehr der Schauspieler und des Drehteams von *Giganten* nach Hollywood ein stürmisches Ende

Fesselspiele mit Liz und Big Rock

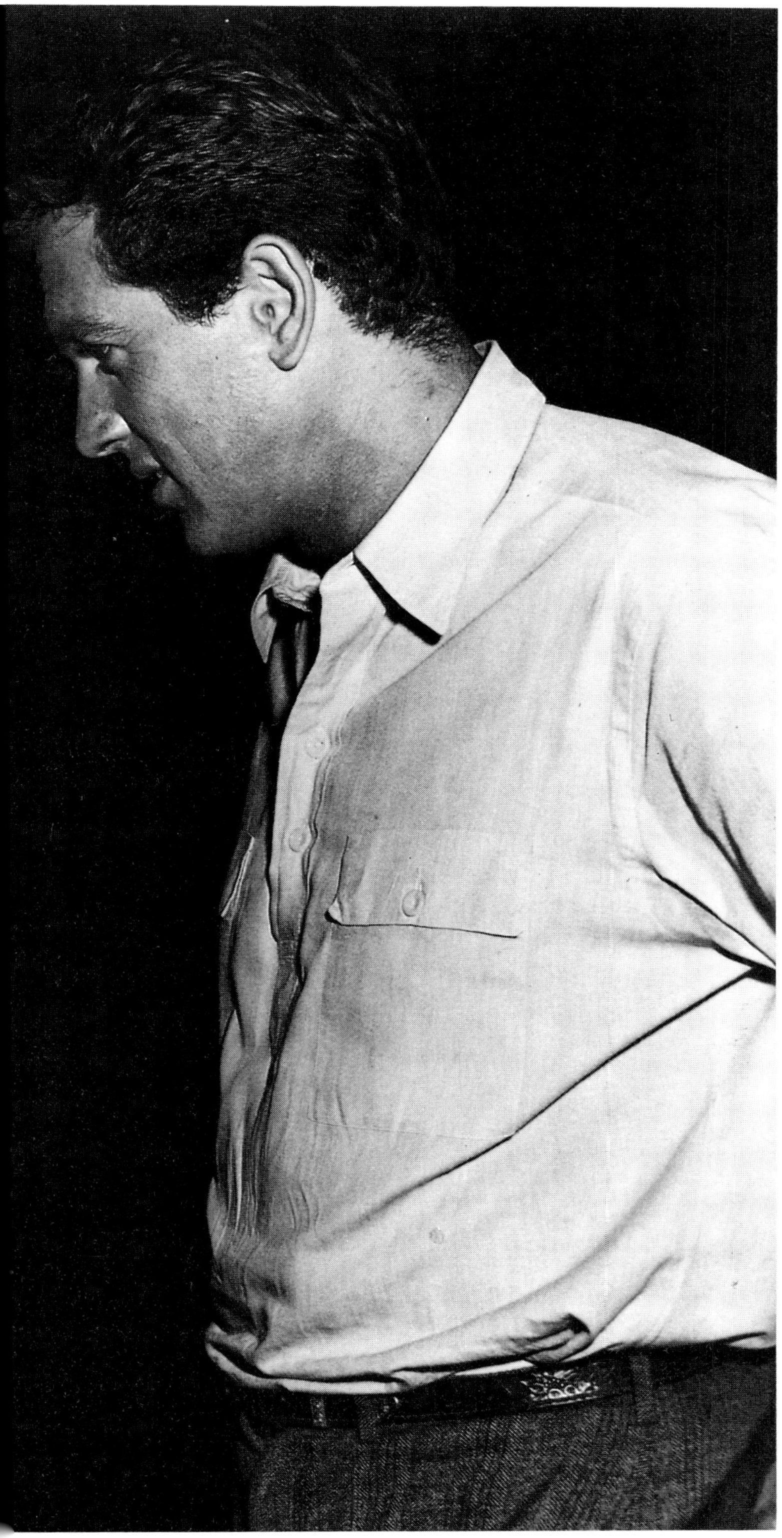

Mercedes McCambridge (Luz), Rock und Jimmy sehen zu, wie Liz George Stevens mit dem Lasso fängt

diese Standpauke, nur Hedda Hopper eilte ihm zu Hilfe und hielt es »für höchste Zeit, daß sie miteinander sprachen«. »George Stevens ist ein Leuteschinder, ein stehengebliebener Kerl, der Jimmy zwingen wollte, sich an seine Interpretation zu halten«, schrieb sie und berichtete dann, wie sie Jimmy erklärte, daß der Produzent Henry Ginsberg Millionen verlieren würde, wenn die Produktion in diesem Stadium sabotiert würde. »Jimmy Dean wurde von einem Teil der Hollywood-Presse fertiggemacht«, schrieb sie zum Schluß.

> »Aber ich muß ihm recht geben. Nachdem er Tag für Tag zur Arbeit gerufen wurde und nur immer herumsitzen und Rock Hudson zusehen mußte, wie er Liebesszenen mit Elizabeth Taylor spielte, ärgerte sich Dean und kam das nächste Mal, als man ihn rief, einfach nicht. Offen gesagt, dachte er, daß er von den Verantwortlichen nicht fair behandelt wurde, und als die ›Oberen‹ meinten, daß Dean tun würde, was sie sagten, sonst ..., machten sie einen Fehler. Jimmy ließ es darauf ankommen. Er ist ein stark gefühlsbetonter Junge, der will, daß man ihn mag, und einige Leute bei diesem Film haben ihn wie einen Hund behandelt. Sehr dumm von ihnen!«

Jimmy in seinem Apartment in Sherman Oaks bei der Lektüre des *Hollywood Reporter*

Das Sherman-Oaks-Apartment im Stil einer Jagdhütte in der Sutton Street 14611 wurde in Hollywood das Gegenstück zu Jimmys Bude in New York. Es war voller bizarrer Objekte, wie z. B. einem riesigen Bronzeadler, einem weißen Bärenfell und der Schlinge des Henkers — neben zwei Tonbandgeräten, einer 8-mm-Kamera, einer Staffelei und der üblichen Anzahl von Bongos —, und es war ein Ort, wo er Freunde und auch faszinierende Fremde unterhalten konnte. Oft dröhnte noch spät in der Nacht die Musik aus dem kleinen Haus — oder die Streitereien mit Ursula Andress. Am 12. August schrieb der *Hollywood Reporter,* daß Jimmy Deutsch lerne, »um mit Ursula Andress in zwei Sprachen streiten zu können«. Erst als Liz Taylor, die gesehen hatte, wie sehr er die Katze Louis von Sanford und Beulah Roth liebte, Jimmy ein Siamkätzchen schenkte, senkte sich der Lärmpegel ein wenig. Jimmy nannte das Kätzchen Marcus.

Wie Cal Trask und Jim Stark beruhte auch die Rolle des Jett Rink

Taschenschach mit einem strubbeligen Freund

Jimmy hört zu Hause Tonbänder an

Gegenüber: »Ich spiele die verdammte Bongo, und die Welt kann mir gestohlen bleiben ...«

Jett führt Mrs. Benedict durch sein Haus

Gegenüber: Tee für Mrs. Benedict. Jett verehrt sie, verrät seine Gefühle jedoch nicht

— wieder ein zweisilbiger, ein wenig unwahrscheinlich wirkender Name — so stark auf Jimmys Persönlichkeit, daß die Frage, wie gut seine schauspielerische Leistung eigentlich war, schon fast gegenstandslos erscheint. Vom ersten Augenblick an — immer die Chesterfield im Mundwinkel — sieht er aus wie ein Junge, der wie Clint Eastwood sein möchte. Er ist aber Jimmy Dean, der die Menschen zurückstößt und gleichzeitig wie ein Kind von ihnen geliebt werden möchte. Wie bei Julie Harris und Natalie Wood in seinen früheren Filmen gibt er sich auch Liz Taylor gegenüber instinktiv als der hilflose, scheinbar schüchterne Junge. Am bewegendsten tritt dies in der Szene zu Tage, in der Liz plötzlich auf seinem Grundstück ›Little Reata‹ auftaucht. Er hat nicht nur an der Wand seiner Hütte ein Zeitungsbild von ihr befestigt, die Hütte weist auch genau die gleichen Zeichen der ernsthaften Weiterbildung auf, die Jimmys Leben prägten — selbst das Büchlein mit dem Titel ›Meisterhaftes Englisch in Wort und Schrift‹ entspricht seinem verzweifelten Verlangen, seinen geistigen Horizont zu erweitern. (Schreiben war wahrscheinlich in der Tat Jimmys liebstes Hobby; trotz seines Erfolgs als Schauspieler dachte er, nur als Schriftsteller berühmt werden zu können.) Jimmy war nie verletzlicher und liebenswerter als in dieser Szene, und diese Verletzbarkeit und Unschuld geht unweigerlich in jenem Augenblick verloren, in dem er auf Öl stößt und von der nassen Flüssigkeit durchweicht dasteht wie ein rachesüchtiges Wesen aus dem Sumpf. Als der alternde Gigant, der als Alkoholiker voller

TEA

Der alternde, betrunkene Gigant holt gegen Bick aus

Groll vor sich hinvegetiert, ist er wesentlich überzeugender als Rock Hudson und auch Elizabeth Taylor, bei denen man den Eindruck hat, daß sich das fortschreitende Alter lediglich darin bemerkbar macht, daß ihr Haar langsam blau wird. Er beschwört eine Gestalt herauf, die wie Brandos Don Corleone mit einer Prise Schäbigkeit von Clark Gable wirkt und gleichzeitig pathetisch und auf merkwürdige Art und Weise bezaubernd ist. Wäre Jimmy in hohem Alter vielleicht selbst so geworden?

Was George Stevens am meisten an Jimmy störte, war die Tatsache, daß er nicht einfach nur ein Teil der Geschichte von *Giganten* sein wollte. Er hatte sich inzwischen daran gewöhnt, der Hauptdarsteller zu sein, und sah den Film deshalb ausschließlich von Jett Rinks Standpunkt aus, was aufgrund der langweiligen eindimensionalen Charaktere um ihn herum kaum überraschte. In Stevens' monumentalem Blickwinkel war er selbst, der unsichtbare Schauspielergott, der wirkliche Star und sein panoramahafter Überblick die einzig mögliche Sichtweise.

Als sich die Dreharbeiten Anfang September dem Ende näherten, fand sich Jimmy damit ab, nichts als eine Zutat unter anderen im Rezept des Küchenchefs zu sein. »Für wahre Größe gibt es auf dieser Welt keinen Platz«, schrieb er mit typischer Schwülstigkeit an Reverend James DeWeerd. »Wir sind Gefangene der Konditionierung. Ein Fisch im Wasser hat keine andere Wahl, als im Wasser zu leben. Wäre er ein Genie, könnte er auch im Sand schwimmen ... Wir sind Fische, und wir ertrinken.« Im August kündigte er an, er hoffe, innerhalb von Warner Brothers eine eigene Produktionsgesellschaft gründen zu können, um u.a. folgende Filmprojekte zu realisieren: *Der Kleine Prinz*, die Geschichte von Billy The Kid und ein Ballett auf der Grundlage von Bartoks *Der wunderbare Mandarin.* Inzwischen besorgte ihm Jane Deacy zwei bedeutende Fernsehrollen in New York: Morgan Evans in einer NBC-Produktion von Emlyn Williams' *The Corn Is Green* — mit lässigen 20000 Dollar Gage — und eine Rolle in einer Bearbeitung von Hemingways Geschichte *The Battler* unter der Regie von Arthur Penn. (Penn war nicht lange danach der Regisseur von Paul Newman als Billy The Kid in *The Left-Handed Gun [Einer muß dran glauben].*) Anfang September flog Jane Deacy nach Hollywood, um erneut über Jimmys Vertrag zu verhandeln und ein professionelles Managerteam

Jimmy erholt sich von seinem Rohöl-Bad

Mit Sarita Monteill bei den Dreharbeiten zu *Giganten* in Burbank

für ihn zu finden. Zusammen mit Dick Clayton wandte sie sich an die Firma von Carl Coultree und William Gray, die damit einverstanden waren, ihn zu vertreten.

Ursula Andress versetzte Jimmys Stolz einen Hieb, als sie ihn wegen John Derek verließ, dem aufsteigenden jungen Schwarm und künftigen Ehemann von Bo. Maila Nurmi (Vampira) sagt, daß er sie ihres Wissens nicht mit Fassung oder Würde ihres Weges ziehen ließ, sondern sie in Hollywood auf seinem Motorrad verfolgte und in ein Restaurant stürmte, in dem sie zusammen mit Derek aß. Trost fand er dann in den Aufmerksamkeiten einer anderen europäischen Schauspielerin, Leslie Caron, der er den Hof machte, um sich über die Enttäuschung hinwegzutrösten. »Ausländische Mädchen begeistern mich«, eröffnete er einem Klatschkolumnisten. Vielleicht machte sie ihre scheinbare Unerreichbarkeit, ihr Abstand von der normalen, hausbackenen amerikanischen Frau so verlokkend. Nach Jimmys Tod wurde überall berichtet, daß Ursula Andress in hysterische Weinkrämpfe ausgebrochen sei, als sie die Nachricht hörte, weil sie dachte, die Beendigung ihrer Affäre sei der Auslöser dafür gewesen.

Am Set von *Giganten* in den Burbank Studios lernte Jimmy die beiden alten Hollywoodhelden Gary Cooper und Humphrey Bogart kennen. Vor allem Bogart bedeutete ihm sehr viel, und als er eines Tages in Begleitung von Joe Hyams erschien, war Jimmy ›im wahrsten Sinne des Wortes‹ sprachlos vor Ehrfurcht, schrieb Hyams später. »Er saß Bogart zu Füßen, murmelte Höflichkeiten und stimmte allem zu, was der ältere Star sagte.« Bogart hatte etwas von seiner eigenen Rebellion in Brando und Jimmy gesehen. Jimmy konnte ihn jedoch nicht überzeugen. Später äußerte er der Presse gegenüber, daß Jimmy — hätte er länger gelebt, »es nie mit seinem Ruhm hätte aufnehmen können«. Jimmy seinerseits war nach dieser Begegnung mehr denn je davon überzeugt, daß er nichts mit den altgedienten Leinwandhelden zu tun hatte. »Bogie und Cooper und Gable«, sagte Jimmy dem Vernehmen nach zu Hyams, als sie das Studio verließen, »sind anders als ich. Unabhängig von der Rolle, die sie spielen, sind sie immer sie selbst, da sie so eine starke Persönlichkeit haben.« Es spiegelt seine inneren Unsicherheiten wider, daß er sich *selbst* nicht für eine starke Persönlichkeit hielt. Das Besondere an Jimmy liegt jedoch in der Kraft seiner Suche *nach* Persönlichkeit — der Kampf eines Heranwachsenden um seine Selbstfindung. Wie Bogart zu Hyams sagte, war Jimmy »seiner eigenen Person immer zu stark bewußt«, um die Art von machohafter Autorität hervorzubringen, die Hollywood von seinen Helden erwartete.

Jimmy war in New York seinem alten Liebhaber Rogers Brakkett gegenüber rücksichtslos gewesen, zeigte sich aber großzügig, als Bill Bast versuchte, aus dem Trott der Situationskomödien auszubrechen, die er in Hollywood ständig zu schreiben hatte. Er lud ihn nicht nur in die Villa Capri zum Essen ein und nahm ihn mit zu Roth nach Hause, sondern lieh ihm bei ihrem letzten Treffen auch Geld, damit er das ›ernste‹ Fernsehspiel schreiben konnte, das ihm schon seit Monaten vorschwebte. Bill schrieb schließlich Episoden für *Die Waltons*, jedoch nicht wegen mangelnder Unterstützung von seiten seines Freundes — die ihm Jimmy zweifellos seit der Zeit, in der sie im Penthouse in Santa Monica lebten, schuldete.

Es war eine Ironie des Schicksals, daß praktisch der letzte Auftrag, den Jimmy vor seinem Tod annahm, ein Fernsehspot für das National Highway Committee war, der die Vorzüge des sicheren Fahrens zeigen sollte. Während er in seinem obligatorischen Stetson und in Jeans ungeschickt auf dem Stuhl hin und her rutscht, erzählt er dem Interviewer Gig Young: »Ich bin früher immer ziemlich gerast, hab' mich auf der Straße auf unnötige Risiken eingelassen. Jetzt fahr' ich aber besonders vorsichtig.« Als er aufsteht, fragt ihn der Interviewer, ob er noch etwas sagen möchte, woraufhin Jimmy antwortet: »Fahrt vorsichtig, ihr dort draußen, denn das Leben, das ihr rettet, könnte ... *meines* sein.« Das ganze wirkt etwa so, wie wenn Keith Richards Teenager vor Drogen warnen würde.

Genau zu jener Zeit verbrachte Jimmy auch noch jede freie Minute bei den deutschen Mechanikern von Competition Motors an der North Vine Street, wo er eine Anzahlung für einen neuen, 6900 Dollar teuren Porsche 550 Spyder leistete, der als Rennwagen wesentlich ernster zu nehmen war als der frühere Speedster. Da er sich mit der Absicht trug, an einem Rennen in Salinas zwischen Los Angeles und San Francisco teilzunehmen, wollte er, daß der Wagen mit seiner Höchstgeschwindigkeit von 170 Meilen pro Stunde gleich nach Drehende von *Giganten* startbereit war. Horst Rieschel, Tony Büchler und Rolf Wütherich waren drei Mechaniker aus Deutschland, die beruflich nach Hollywood verpflichtet worden waren, und Jimmy stellte beim Kauf des Wagens die Bedingung, daß einer von ihnen, nämlich Wütherich, ihn zu jedem Rennen begleiten solle, an dem er mit dem Wagen teilnehmen würde. Der Kauf wurde schließlich am 21. September perfekt gemacht.

Am 23. September 1955 lernte Jimmy Alec Guinness in der Villa Capri kennen und ging mit ihm nach draußen, um ihm den Wagen zu zeigen. Der englische Schauspieler prophezeite ihm,

Die charmante Autorin von *Giganten*, Edna Ferber, bei den Dreharbeiten

daß er noch in derselben Woche in diesem Wagen sterben würde. Am nächsten Tag drehte George Stevens die Bankett-Szene in *Giganten* ab, in der Jimmy in einer eigenartigen Parodie auf das Letzte Abendmahl, die thematisch eine Verbindung zur vorausgegangenen ›Kreuzigungsszene‹ des Films darstellt, in das Mikrofon stammelt. Endlich hatte er den Film mit all seinen Kulissenkämpfen, die Truffauts in *Die amerikanische Nacht* in nichts nachstanden, hinter sich und konnte nun — bis zum Rennen am Wochenende und der geplanten Rückkehr nach New York für *The Corn Is Green* — eine Woche lang tun, was er wollte. Es hätte nicht besser für ihn aussehen können: Jane Deacy hatte seinen

Jimmy am Steuer des Porsche 550 Spyder, in dem er am 30. September 1955 sterben sollte. Der Porsche kostete $ 6900

130

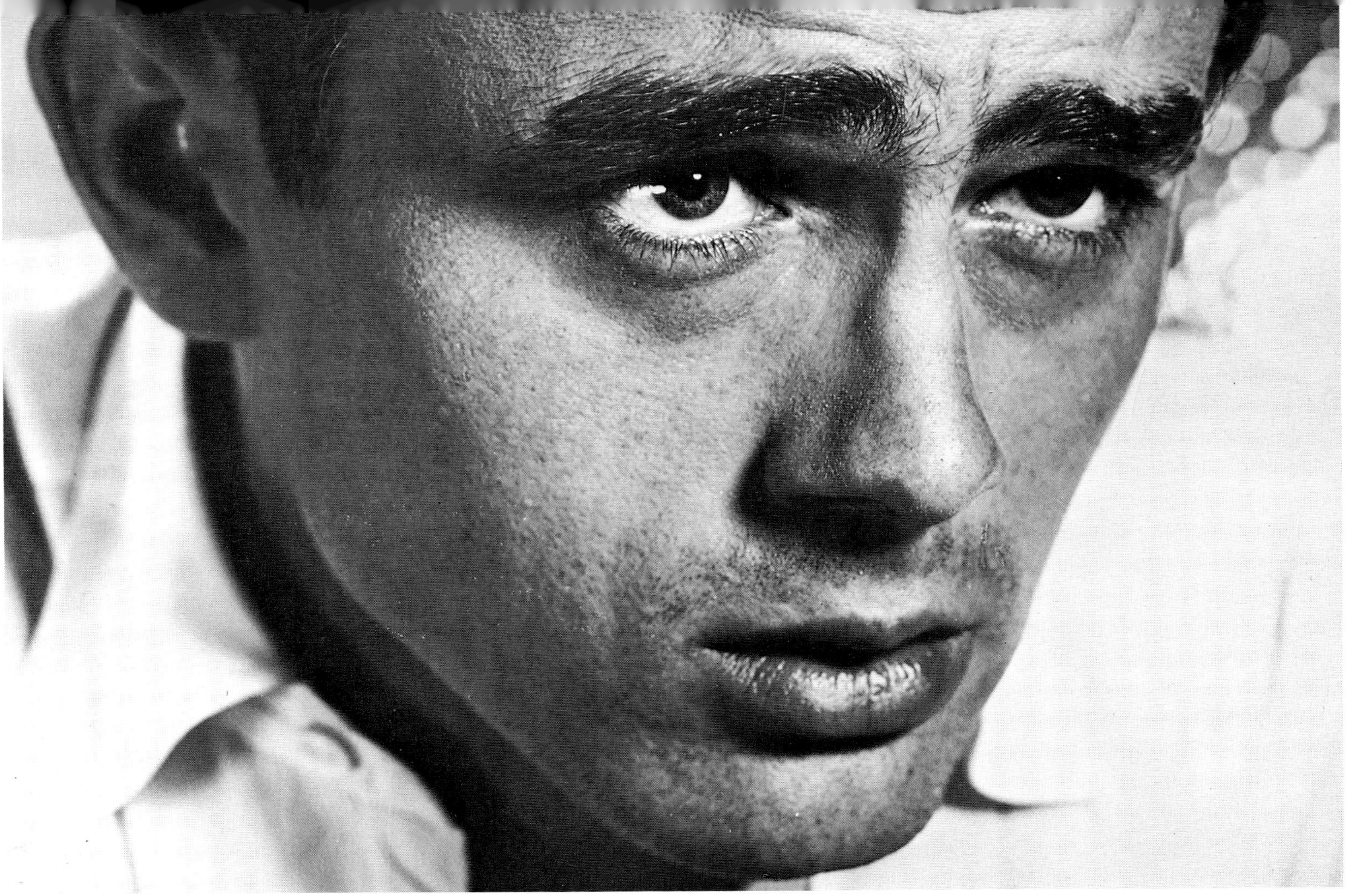

Vertrag mit Warners auf 100 000 Dollar im voraus je Film erhöht, und ... *denn sie wissen nicht, was sie tun* sollte in einem Monat in ganz Amerika erstmals in die Kinos kommen. Jimmy begann sogar plötzlich, an die Zukunft zu denken, denn er sprach mit seinem Rennkumpel Lew Bracker über eine Lebensversicherung. (Eine von Bracker ausgestellte Police wurde dann von Jimmy nie unterzeichnet.)

Jimmy wollte nicht alleine nach Salinas fahren und versuchte, einige Mitglieder seiner Familie dazu zu überreden, ihn zu begleiten. In jener Woche waren Marcus und Ortense Winslow und Jimmys Onkel Charlie Nolan Dean, die alle aus Indiana zu einem Familientreffen gekommen waren, bei seinem Vater zu Besuch. Aber keiner von ihnen konnte mitkommen, und gegen Mitte der Woche sah es so aus, als ob nur Wütherich und Bill Hickman, Jimmys Dialogregisseur in *Giganten* und Gefährte auf der Kaninchenjagd, mit ihm fahren würden. In letzter Minute jedoch sagte noch Sandy Roth zu, der zuerst geglaubt hatte, daß er ihn wegen des Termins für die Fotoreportage über Jimmy in *Collier's* nicht begleiten könnte. In bezug auf Jimmys Werbespot über Straßensicherheit, sagte Roth, würden Bilder von Jimmy beim Rennen einen witzigen Abschlußgag des Artikels bilden.

Am Donnerstag, dem 29. September, brachte Jimmy das Kätzchen Marcus in die Wohnung von Jeanette Miller, einem Mädchen, mit dem er ausging. In jener Nacht verließ er, wie des öfteren vor Rennen, seine Freunde und verschwand. Später erfuhr man, daß er auf eine Homosexuellen-Party in der Malibu Colony gefahren war und diese Party verließ, als einer seiner schwulen Freunde verlangte, daß er sich zu seiner Homosexualität bekennen und sein Doppelleben beenden solle. Am nächsten Morgen fuhr er früh zu Competition Motors, um den Spyder ein letztes Mal von Rolf Wütherich überprüfen zu lassen. Danach fand er sich zu einem späten Frühstück bei seinem Vater und Onkel Charlie ein. Gegen Mittag holten er und Rolf Bill Hickman und Sandy Roth ab und beschlossen, mit dem Spyder die Küste entlangzufahren, während Bill und Sandy in Jimmys Ford Kombi folgten. Kurz vor Bakersfield gab Jimmy sein letztes Autogramm, als er einen Strafzettel wegen überhöhter Geschwindigkeit unterschrieb, der ihm von dem Streifenpolizisten Otie Hunter verpaßt wurde. Siebzehn Meilen nördlich der Stadt bog er gen Westen auf den Highway 466 ab. Die Landschaft wurde immer trockener und öder. Kurz nach 17.00 Uhr hielt er an, um sich mit Lance Reventlow zu unterhalten, dem 21jährigen Sohn der Erbin Barbara Hutton, mit der er eine Affäre für eine Nacht gehabt hatte. Reventlow war ebenfalls für das Rennen in Salinas mit einem Mercedes 300 SL angemeldet.

Die Sonne ging kurz vor 17.45 Uhr unter. Der 23jährige Donald Turnupseed, ein Maschinenbaustudent, fuhr in einem Ford Tudor, Baujahr 1950, von San Luis Obispo nach Tulare und konnte den silberfarbenen Spyder nicht sehen, als er von der Y-förmigen Kreuzung der Highways 466 und 41 auf die Straße einbog, auf der Jimmy fuhr. Bill Hickman hatte Jimmy schon davor gewarnt, daß der Porsche auf der Landstraße gefährlich unauffällig war. Niemand weiß bis heute genau, ob Jimmy seine Brille trug oder nicht. Obwohl Rolf Wütherich Jimmy sagen hörte »Der Kerl muß uns doch sehen« — Jimmys letzte Worte —, konnte er nicht sagen, ob Jimmy die Brille trug, weil er auf dem Beifahrersitz halb eingeschlafen war.

Wer was gesehen hat und wer den Abstand falsch einschätzte, bleibt bis heute eine Streitfrage zwischen Deans Fans, wie die jüngste Veröffentlichung von Warren Newton Beaths bizarrem *Death Of James Dean* nur zu deutlich macht. Tatsache ist, daß Jimmy in die Seite des wesentlich stabileren Ford raste, sofort tödliche Verletzungen erlitt und innerhalb von Minuten starb. Turnupseed war nahezu unverletzt. Wütherich, der beim Aufprall aus dem Spyder geschleudert wurde, überlebte und konnte die Geschichte *(Modern Screen)* erzählen und vor Gericht 100 000 Dollar aus dem Vermögen von James Dean verlangen. Zwei Streifenpolizisten und ein Krankenwagen waren innerhalb von 15 Minuten am Unfallort. Und Sandy Roth, ein treuer Chronist bis zum Ende, machte Aufnahmen von Jimmys zerschmettertem Körper, die nie publiziert wurden. Ein Schauspieler war zu Tode gekommen, und eine Legende des zwanzigsten Jahrhunderts wurde geboren.

In jener Nacht weinten in Hollywood junge Schauspieler und Schauspielerinnen vor Googie's. Jimmys Tod war der dritte in einer Reihe vorzeitiger Todesfälle, die die Filmindustrie in den letzten drei Monaten ereilt hatte — Suzan Ball und Robert Francis *(The Caine Mutiny — Die Caine war ihr Schicksal)* waren kurz zuvor ebenfalls bei Unfällen ums Leben gekommen. Aber die neue Generation der von den Theorien Stanislawskijs inspirierten Schauspieler war besonders über diesen Verlust schockiert. Mehr noch als Brando hatte Jimmy Dean unbewußt Türen für Schauspieler geöffnet, die es zehn Jahre zuvor in Hollywood nie geschafft hätten: für Jungen, die keine gutaussehenden Helden im üblichen Sinne waren, und für Mädchen, die keine Leinwandgöttinnen waren. Wie ein Revolutionär inspirierte er eine ganze Generation. Sogar Tab Hunter, der unkomplizierte und hübsche Junge schlechthin, vertrat die Ansicht, daß Jimmys eigenartige Persönlichkeit und sein Lebensstil der Keim der gesellschaftlichen Umwälzungen in den sechziger Jahren waren. Wenn auch Nick Ray und Dennis Hopper seine Bedeutung als ›erster Studentenaktivist‹ und als ›erster Guerilla-Künstler, der beim Film arbeitete‹ überdramatisierten, so steckt doch ein Funken Wahrheit in der abgedroschenen Phrase, daß Brando die Schauspielkunst verändert, Jimmy aber die Lebensweise der Menschen umgekrempelt habe. Elvis Presley, der Jimmys Revolution in die Anfangszeit des Rock 'n' Roll übertrug, war genauso von Dean begeistert wie Jimmy von Brando, und er lernte das Drehbuch von *... denn sie wissen nicht, was sie tun* buchstäblich auswendig. Nicht lange danach kreierte sich in Hibbing, Minnesota — es hätte genauso gut Fairmount, Indiana, sein können — der knochige Robert Zimmerman, später Bob Dylan, als erster Proto-Punker der Stadt in Jeans wie Dean und Leder wie Brando. Und wieder war ein nonkonformistischer Jugendlicher aus dem Mittleren Westen auf dem Weg zum Superstar.

Als Elizabeth Taylor bei der Arbeit an den Schlußszenen von *Giganten* die Nachricht hörte, brach sie zusammen. Die Drehar-

beiten wurden verschoben, bis sie sich im Krankenhaus wieder erholt hatte, und ein Jahr später weigerte sie sich, zur Oskar-Verleihung zu gehen, als man es ablehnte, Jimmy posthum mit dieser Auszeichnung zu ehren. Marcus und Ortense Winslow erfuhren die schreckliche Nachricht erst nach ihrer langen Reise nach Fairmount. Winton Dean brachte die Leiche seines Sohnes am Dienstag nach Indiana zurück und setzte die Beerdigung für den folgenden Samstag an. Jimmy wurde drei Tage lang in Hunt's Funeral Home aufgebahrt, genau an jenem Ort, an dem er sieben Monate zuvor in einem Sarg für Dennis Stock posiert hatte. Am Samstag brachte man ihn dann zur Friend's Church in Back Creek, die er als Junge jeden Sonntag besucht hatte.

Unter den 3000 Trauergästen befanden sich der Produzent von *Giganten*, Henry Ginsberg, der Werbefachmann von Warners, Steve Brooks, und der Schauspieler Jack Simmons; nur wenige andere aus Hollywood nahmen die Reise auf sich. Den Trauergottesdienst hielten Xan Harvey, der Pastor der Kirche, und der schon immer exzentrische und nun auch ziemlich extravagante James DeWeerd, der inzwischen Pastor am Cable Tabernacle in Indianapolis geworden und nach der Fernsehübertragung eines Evangelistengottesdienstes in Cincinnati mit einem Privatflugzeug nach Fairmount geflogen war. Whitey Rust, Paul Smith, Robert Pulley, Robert Middleton, James Faulkerson und Rex Bright, seine sechs besten Freunde aus Kindertagen, waren die Sargträger. Es war ein großes Schauspiel, die größte öffentliche Veranstaltung, die die Stadt je erlebt hatte, und der Beginn der kulthaften Verehrung Jimmys, die nun schon fast 35 Jahre andauert.

Steve Brooks und der Rest des Werbeteams von Warners erkannten, wie wirkungsvoll es wäre, *... denn sie wissen nicht, was sie tun* in der Woche nach Jimmys Tod anlaufen zu lassen. Jemand mit schwarzem Humor könnte sagen, daß sein Tod das beste war, was er für seine Karriere tun konnte. Die Kritiker sprachen zwar nicht gerade schmeichelhaft über den Film selbst, doch nur wenige konnten dem Pathos widerstehen, Jimmy auf der Leinwand mit dem Tode spielen und dennoch wie einen Phönix aus der Asche aus seiner Teenager-Pein aufsteigen zu sehen. In Frankreich erkannte François Truffaut, ein noch junger Kritiker bei *Cahiers Du Cinema*, daß Jimmy weitaus mehr war als nur ein Delinquent aus der Mittelklasse.

> »In James Dean«, schrieb er, »entdeckt die Jugend von heute sich selbst. Weniger aus den normalerweise angegebenen Gründen — Gewalt, Sadismus, Hysterie, Pessimismus, Grausamkeit und Obszönität —, sondern aus anderen, die viel einfacher und gewöhnlicher sind: Schlichtheit der Gefühle, ständiges Leben in Wunschvorstellungen, moralische Reinheit ohne Bezug zur alltäglichen Moral, aber dafür um so rigoroser, die ewige Begeisterung der Jugendlichen für Tests und Mutproben, Rauschzustände, Stolz und Bedauern, außerhalb der Gesellschaft zu stehen, Verweigerung und Wunsch nach Integration und schließlich Annahme — oder Ablehnung — der Welt, wie sie ist.«

Im Laufe der Zeit spielte *... denn sie wissen nicht, was sie tun* Warner Millionen ein; auf ihn folgten eine Reihe anderer zweitklassiger B-Filme über Jugendliche. In zweien davon, *Crime In*

The Streets und *Rock, Pretty Baby* (beide aus dem Jahr 1956), war sogar Sal Mineo als Hauptdarsteller zu sehen, und in *Juvenile Jungle* (1958) spielte Corey Allen (Buzz in ... *denn sie wissen nicht, was sie tun*) mit. Weitere Filme waren *Hot Rod Girl* (1956), *Untamed Youth* (1957), *Dragstrip Girl* (1957), *Hot Car Girl* (1958) und *Dragstrip Riot* (1958). In Europa zeigte der Film *Die Halbstarken* eine teutonische Version von Jimmy namens Horst Buchholz, und in Polen spielte in Andrzej Wajdas Klassiker *Asche und Diamant* (1958) der wesentlich interessantere Zbigniew Cybulski die Hauptrolle, der neun Jahre später ebenfalls frühzeitig sterben sollte. »Ich wollte einfach nur James Dean sein«, sagte ein typischer englischer Fan in jener Zeit. »Er hat alles falsch gemacht, aber irgendwie schien er alles auszudrücken.«

In Verbindung mit der Wirkung seines Todes machte ... *denn sie wissen nicht, was sie tun* Jimmy zum Symbol der ewigen Jugend des Kinos, zu einem angstgeplagten Peter Pan, der nie älter wird, sondern in einer Welt der Bilder und der Leinwandträume lebt. Als Bill Bast später das Grab seines ehemaligen Zimmergenossen besuchte, fuhr er an einem Schild vorbei, auf dem ›Fairmount — Geburtsort von James Dean‹ stand, und erkannte, daß »sie meinen Freund nehmen und ihn so ummodeln würden, daß ich ihn nicht mehr wiedererkennen würde«. Und das taten sie wirklich, benutzten ihn für unzählige Andenken, verewigten ihn auf Tausenden von Ansteckern, Masken, T-Shirts und Skulpturen. Es erschienen zwei Zeitschriftenromane, die auf seinem Leben basierten, 1958 *The Immortal* von dem ehemaligen Werbefachmann Walter Ross von Warners über das Pflegekind Johnny Preston aus dem Mittleren Westen und 1971 Edwin Corleys *Farewell, My Slightly Tarnished Hero*, dessen John Calvin Lewis nicht nur in den Filmen *Paradise Gate, Chicken Run* und *Texas* erscheint, sondern auch bei einer Sylvesterfeier in Hollywood den Transvestiten Dick Davine aufgabelt.

Im Juli 1956, vier Monate vor der Uraufführung von *Giganten*, erhielt Warner Brothers 7000 Briefe pro Monat aus der ganzen Welt, die alle an Jimmy adressiert waren. Es entwickelte sich ein unheimliches Phänomen, wie es bisher nur beim Tod von Rudolph Valentino in den zwanziger Jahren aufgetreten war. George Stevens erhielt sogar Briefe mit Todesdrohungen für den Fall, daß er nur eine einzige Einstellung von Jimmy aus *Giganten* herausschneiden würde. »Dieser rücksichtslose, egoistische junge Verrückte war für niemanden ein Idol, bis man unseren Kindern sagte, daß er es sei«, spottete Ben Alexander (*Dragnet*, 1958), aber sowohl Mädchen als auch Jungen entdeckten etwas in Jimmys Leinwanddarbietungen, das ihnen mehr bedeutete als der kurzlebige Sex-Appeal der Idole der Matinee-Vorstellungen. »Es war sein rebellisches Wesen«, sagte ein weiblicher Fan, der in David Daltons *American Icon* zitiert wird. »Auflehnen konnten wir uns auch. Es war die Verletzlichkeit, die wir nicht zu zeigen wagten, da wir so hart gegen sie ankämpfen mußten.« 1980, fünfundzwanzig Jahre nach seinem Tod, war die Kraft seiner Verletzlichkeit immer noch an den ungefähr 1000 Fans abzulesen, die sich an seinem Grab versammelten, um zu hören, wie ihm Martin Sheen Tribut zollte. (Sheen, Richard Gere und Matt Dillon stehen vertretend für drei Generationen von Hollywood-Schauspielern, die direkt von Jimmy beeinflußt wurden.)

»Lebe schnell, stirb jung und gib eine schöne Leiche ab«, sagt einer der Protagonisten in Nick Rays *Knock On Any Door* (*Vor verschlossenen Türen,* 1949). Dies ist inzwischen ein berühmter Satz, und Jimmy liebte es, ihn zu zitieren. Es wäre jedoch falsch anzunehmen, daß er nach diesem Satz lebte. Sicher, er flirtete mit dem Tod und liebte es, die Leute zu erschrecken, indem er ihn herausforderte, aber seine dunklere Seite war nicht von Selbstmordgedanken geprägt. Er wollte an jenem Freitagnachmittag auf dem Highway 466 nicht sterben. Als Jimmy sagte, daß der Tod das einzige sei, wovor er Respekt habe, zitierte er wahrscheinlich nur einen Satz von Rimbaud, an den er sich so halbwegs erinnern konnte.

Ich werde Jimmy vermissen, wenn dieses Buch fertig ist. Ich habe den Eindruck, daß ich ihn wie eine Art Freund kennengelernt habe, ein Junge, der einen verrückt machen konnte, im Grunde genommen jedoch gutartig war, der so viel wollte und das meiste davon bekam, bevor es überhaupt einen Sinn für ihn ergab. Er war ein erstaunliches Geschöpf, das rein nach Instinkt handelte und dessen filmische Präsenz bis auf den heutigen Tag auf einzigartige Weise fasziniert. Lassen Sie sich von dieser Legende verzaubern, solange Sie können.